ENSION

ou

Saint-Jouin-les-Marnes

PAR

A. LEROSEY, *Chanoine honoraire*

PARIS

SOCIÉTÉ FRANÇAISE D'IMPRIMERIE ET DE LIBRAIRIE

ANCIENNE LIBRAIRIE LECÈNE, OUDIN ET Cⁱᵉ

15, Rue de Cluny, 15

1906

ENSION

OU

Saint-Jouin-les-Marnes

PARIS

SOCIÉTÉ FRANÇAISE D'IMPRIMERIE ET DE LIBRAIRIE

ANCIENNE LIBRAIRIE LECÈNE, OUDIN ET·Cie

15, Rue de Cluny, 15

—

1906

Avant-Propos

L'excursion d'un jour ou deux, qui montre au voyageur Airvault, Marnes, Saint-Jouin-les-Marnes, Oyron et Thouars, est une des plus belles qu'un artiste archéologue puisse faire en France. Saint-Jouin-les-Marnes n'est pas assez connu. L'histoire l'a trop laissé dans l'ombre. Puisse ce modeste essai décider quelques artistes à aller admirer l'église de Saint-Jouin! En lui consacrant cette notice, nous aurons acquitté du moins une partie de la dette que nous avons contractée envers Saint-Jouin pour prix des pures jouissances dont il nous a comblé.

ENSION

ou

Saint-Jouin-les-Marnes

CHAPITRE PREMIER

L'ABBAYE.

Le bourg de Saint-Jouin-les-Marnes fait partie du canton d'Airvault (Deux-Sèvres).

Situé à l'extrémité d'une plaine, sur une colline dominant la vallée de la Dive, à 9 kilomètres d'Airvault, Saint-Jouin dut son existence à la puissante abbaye de ce nom. La commune compte 1075 habitants, et l'étendue de son territoire est de 2276 hectares.

L'abbaye fut fondée au ıv^e siècle en un lieu appelé *Ension*, *Ansion* ou *Enesse* (*Enessio*, *Enixio*, *Ansio*), et prit plus tard le nom de son fondateur et premier abbé saint Jouin ou Jouvin (*Jovinus*, *Jovianus*, *Joviniacus*), originaire de Silly, près de Loudun. L'affixe de *Marnes* ajouté au nom du saint fondateur indique la situation de l'abbaye voisine des marais de la Dive.

Enesse ou Ension aurait été une villa dépendant du

domaine de la famille de Jouin, aussi distingué par sa sainteté que par l'illustration de sa race.

La tradition attribue à saint Jouin trois frères et une sœur, honorés comme lui du titre de saint. Ce sont saint Maximin, évêque de Trèves, saint Maixent, évêque de Poitiers et prédécesseur immédiat de saint Hilaire, saint Mesme, abbé de Chinon, et sainte Maxima, vierge. Après la mort de saint Maximin, arrivée à Silly en 347, Jouin, désabusé des vanités du monde, se retira à Ension pour y mener la vie érémitique, à l'exemple des Pères de la Thébaïde égyptienne. Bientôt des disciples se groupèrent sous sa conduite. Telle fut l'origine du monastère d'Ension, qu'on peut faire remonter vers le milieu du ive siècle.

Ension était voisin d'un camp romain dont le souvenir a été transmis par le nom de *Châteaux*, village très rapproché du bourg actuel de Saint-Jouin, où se trouvent les ruines de deux églises, et qui devint, dès l'origine, une annexe de l'abbaye. Après la mort de saint Jouin, ses disciples l'ensevelirent dans l'église de Saint-Jean élevée par ses soins sur la colline d'Ension, à l'emplacement même de l'église actuelle.

Il y eut de bonne heure à Ension quatre églises : Saint-Jean-l'Évangéliste et Saint-Jean-Baptiste sur la colline, et celle de Saint-Pierre de Châteaux et Notre-Dame au pied de la colline (1).

Après avoir été régie par saint Jouin et saint Launégisile, l'abbaye fut gouvernée, au vi^e siècle, par saint Généroux, contemporain de saint Pair ou Paterne, d'abord moine d'Ension, plus tard abbé de

____

(1) *Acta SS.*, t. X, d'octobre, p. 801, 814, 817.

Scissy et évêque d'Avranches. De là sortirent aussi, à la même époque, saint Scubilion, abbé de Maudane, au diocèse de Coutances, saint Merault ou Méru et saint Achard, deuxième abbé de la célèbre abbaye de Jumièges, au diocèse de Rouen.

Dans les guerres de Pépin et de Charlemagne avec Waïfre, duc d'Aquitaine, au viiie siècle, la discipline régulière disparut du monastère d'Ension, sous le coup des désastres qu'il éprouva, et des chanoines y remplacèrent les moines. En 843, les religieux de Saint-Martin de Vertou, fuyant les pillages des pirates normands et emportant le corps de saint Martin, vinrent demander asile à Ension. Indignement repoussés par les chanoines, ils parvinrent néanmoins à s'y établir, grâce à la protection de Pépin II, roi d'Aquitaine. Ils déposèrent le corps de saint Martin de Vertou dans l'église de Saint-Jean, près du tombeau de saint Jouin. Les nouveaux venus imposèrent aux chanoines de Saint-Jouin la règle de saint Benoit, et les obligèrent à se plier au joug de la règle ou à sortir du couvent.

Le nouveau réformateur, l'abbé Rainaud, renouvela le monastère. Il transforma l'église de Saint-Jean-Baptiste en réfectoire pour les moines, et reconstruisit celle de Saint-Jean-l'Evangéliste. C'était dans cette dernière, la principale, que reposaient les corps de saint Jouin et de saint Martin de Vertou.

Bientôt, en 878, de nouvelles reliques, celles de saint Judicaël, saint Lumine, saint Méen et saint Rufin y furent transportées de Bretagne et du Bas-Poitou. L'importance de ce sanctuaire vénéré, où accouraient les pèlerins, et autour duquel

s'était formée une agglomération d'habitants, aug-
mente chaque jour davantage. Le vieux nom d'Ension
commence à disparaître pour faire place à celui de
Saint-Jouin. Les donations affluent de toutes parts, et
une foule d'églises, soit des pays environnants, soit
même de contrées éloignées, sont concédées à l'abbaye
et passent sous sa dépendance spirituelle et tempo-
relle.

Citons, parmi les donateurs et protecteurs les plus
illustres de Saint-Jouin, les premiers vicomtes de
Thouars, le fameux Foulques III Néra, comte d'Anjou
en 1016, et un de ses successeurs Foulques IV.

Enrichis par les donations dont ils avaient été
l'objet surtout pendant le XIᵉ siècle, les religieux de
Saint-Jouin songèrent à rebâtir leur abbaye et leur
église. La nouvelle église, celle que nous admirons
encore, fut construite entre les années 1095 et 1130
par les soins du moine Raoul, qui devint abbé après
l'année 1100. L'abbaye dut implorer à cette époque la
protection de Foulques V, comte d'Anjou, contre les
prétentions vexatoires du seigneur de Montcontour.
Celui-ci dut renoncer à ses prétentions, par suite d'un
accord intervenu en 1120 entre l'abbaye et les seigneurs de Montcontour (1).

L'achèvement de la magnifique église de Saint-Jouin
et la dédicace du grand autel, en 1130, furent célé-
brés par une grande fête en l'honneur des reliques
de saint Jouin et de saint Martin de Vertou et des
autres saints nommés plus haut, extraites de leurs
tombeaux et placées dans de riches châsses. Cette fête,

(1) Cartulaire de Saint-Jouin.

qui eut lieu le dimanche après la nativité de la sainte Vierge, 8 septembre, a toujours été célébrée le même jour. Elle attire depuis de longs siècles un grand concours de pèlerins.

L'autel de l'abbaye fut consacré et dédié, en 1130, à saint Jouin, à saint Martin de Vertou et à saint Sébastien.

Une bulle du pape Alexandre III confirma tous les priviléges et possessions de l'abbaye en 1179. Elle avait été obtenue par les soins de l'abbé Nicolas. La prospérité du monastère continua pendant les XIIIe et XIVe siècles, et elle fut à peine troublée par les procès qu'il soutint à l'occasion de la juridiction contre les vicomtes de Thouars et les seigneurs de Montcontour, au sujet des domaines de Germon, Douron, Noizé, Jeu, Availles.

Les guerres des Anglais de la fin du XIVe siècle et du commencement du XVe contraignirent l'abbaye à se fortifier, pour mettre à l'abri d'un coup de main ses trésors et ses vassaux.

C'est l'origine des travaux de défense qu'on vient de démolir sur le transept Sud et sur l'abside de l'église, parce que, de l'aveu des connaisseurs, ils gâtaient l'élégance du monument.

Vers l'année 1450, l'abbé Bernard de Fellets reconstruisit une grande partie de la voûte de l'église dans le style de son époque. Il obtint de Charles VII l'établissement à Saint-Jouin d'un marché chaque samedi et de deux foires annuelles, le 2 juin et le 24 octobre. Il obtint deux nouvelles foires en 1458, les 24 février et 22 août, et se faisait concéder par le pape pour lui et ses successeurs le privilège des insignes pontificaux.

L'abbé Pierre d'Amboise venait de construire le cloître en 1476, au moyen d'une taxe imposée sur tous les prieurés relevant de sa maison, quand il fut nommé évêque de Poitiers, en 1481. Il voulut rester abbé de Saint-Jouin, et il fut le premier abbé commendataire de la communauté.

Le 28 février 1568, une troupe de cent cavaliers protestants incendia et dévasta l'abbaye. La ruine était complète, et il n'y avait plus rien à piller lors du passage de l'armée de Coligny, qui fut défait et battu, le 3 octobre 1569, sur le territoire même de Saint-Jouin (bataille dite de Montcontour).

Le lendemain de cette sanglante journée, les habitants de Saint-Jouin furent requis pour enterrer les morts, œuvre pénible qui fut en grande partie accomplie par les confrères de Saint-Nicolas. La confrérie de Saint-Nicolas existait depuis longtemps déjà, lorsqu'elle fut honorée d'un bref du pape Innocent XI, en 1681.

L'abbaye ne se releva sérieusement que sous l'administration bienfaisante des abbés François et Augustin de Servien. Le premier était évêque de Bayeux. Il eut la gloire d'introduire dans son abbaye, le 28 septembre 1655, la réforme de la congrégation de Saint-Maur. Il consacra de nouveau le grand autel et trois autels secondaires. Son neveu et successeur, Augustin Servien (1659-1716), reconstruisit entièrement l'abbaye. Le *Monasticon gallicanum* contient une gravure datée de 1690, qui représente à vol d'oiseau l'ensemble de ces beaux bâtiments neufs et de l'antique église. L'abbaye brille alors d'un nouvel et dernier éclat : la discipline y refleurit, les archives sont reconstituées, une riche bibliothèque y est fondée, une école de peinture et de sculpture y est établie, en même temps qu'une nouvelle impulsion est donnée aux études théologiques.

Des réparations furent exécutées en 1717, 1725 et 1731, mais l'heure de la décadence approchait. Saint-Jouin fut réuni au chapitre de Saint-Florentin d'Amboise par arrêt du conseil, en 1770. Le monastère cessa d'avoir des abbés commendataires ; mais les religieux y résidèrent jusqu'à la Révolution, sous la direction d'un prieur, et le dernier prieur claustral fut Dom Mathurin Courau. Vendus nationalement, les bâtiments de l'abbaye tombèrent en partie sous le marteau des démolisseurs.

Outre l'église, il existe encore de l'ancienne abbaye de très importantes constructions, telles qu'une portion du cloître du xve siècle, la plus grande partie du monastère rebâti par les Bénédictins de Saint-Maur au xviie siècle et parvenu jusqu'à nous dans un parfait état de conservation, la porte principale (*porta major*), de 1717, tout récemment restaurée par les Beaux-Arts. Nous pourrions ajouter de vastes bâtiments plus anciens et des servitudes, qui composent le presbytère actuel et se prolongent au delà dans plusieurs propriétés voisines, et tout le mur d'enceinte du parc.

Pour être moins incomplète, la notice sur notre abbaye doit renseigner le lecteur sur son personnel à travers les âges. Nous allons donc relever, d'après la *Gallia christiana*, la nomenclature des abbés commendataires, après avoir signalé les plus remarquables des abbés réguliers qui les précédèrent.

Saint Jouin, IVe siècle ;

Saint Launégisile, Ve siècle ;

Saint Généroux, VIe siècle ;

Rainaud ou Rainald, qui transporta de Vertou à Ension, en 843, le corps de saint Martin et donna aux chanoines de Saint-Jouin la règle de saint Benoît ;

Raoul fait consacrer l'église, en 1130, et procure la translation, dans des châsses, des corps saints extraits de leurs tombeaux ;

Nicolas obtient, en 1179, la bulle d'Alexandre III, pour confirmer les possessions de l'abbaye ;

Bernard II de Fellets ou de Selets obtient en 1456, pour les abbés de Saint-Jouin, le privilège de la crosse, de la mitre et des autres insignes pontificaux ;

Pierre VI d'Amboise, nommé évêque de Poitiers en 1481, inaugure à Saint-Jouin le régime néfaste de la commende (1467-1505) ;

Etienne du Mesnil (1505) ;

Aimard ou Adhémar Gouffier de Boissy, évêque d'Albi et abbé commendataire de Saint-Jouin, de Saint-Denis et de Cluny (1519-1528); inhumé à Saint-Jouin ;

Philippe de Cossé-Brissac, évêque de Coutances (1528-1546) ;

Etienne II Payen le Sueur d'Esquetot (1547-1551) ;

Etienne III Martel de Bacqueville (1552-1560), inhumé à Saint-Jouin ;

Arthur de Cossé-Brissac, évêque de Coutances, odieusement calomnié par les protestants, dont il était l'adversaire décidé (1560-1587) ;

Charles de Bourbon, cardinal de Vendôme, archevêque de Rouen ;

Henri d'Escoubleau de Sourdis, évêque de Maillezais († 1615) ;

François d'Escoubleau de Sourdis, cardinal, archevêque de Bordeaux (1615-1628) ;

Henri d'Escoubleau de Sourdis, d'abord évêque de Maillezais, puis archevêque de Bordeaux (1628-1645) ;

François II de Servien, évêque de Bayeux (1646-1659). Il introduisit la réforme de la congrégation de Saint-Maur dans son abbaye de Saint-Jouin, en 1655 ;

Augustin de Servien, prieur du Val Sainte-Catherine, à Paris, neveu et successeur du précédent sur le siège abbatial (1659-1716) ;

Armand Bazin de Bezons (1717-1730) ;

Louis-Gabriel Chauvelin, docteur de Sorbonne, chanoine honoraire de Paris et vicaire général de Soissons (1731, 1751).

Aux abbés de Saint-Jouin, il faut joindre les principaux prieurs de l'abbaye, dans le xviie et le xviiie siècle.

D. Philippe Hurault (de Ribray), avant 1637 † 1648 ;

D. Charles de la Haye, avant 1655, † 1676 ;

D. Roux, † 1700 ;

D. Rodolphe-Benoît Cybelle, 1676 ;

D. François de Montclar, 1683-1688 ;

D. Michel Valeix, 1688-1692 ;

D. Ernest Nicolas, 1692-1697 ;

D. Charles Conrade, 1697 ;

D. Magloire Los, 1702 ;

D. Gilles Choüard de Colombet, 1705 ;

D. Joseph Lachaux, 1712 ;

D. Léonard Brunier ou Rounier, 1713 ;

D. Michelet, 1718 ;

D. Armand Vaslet, 1731, † 1781 ;

D. Mathurin Courau, 1781-1790, assermenté.

Les armes du prieur portaient : *De gueules à un aigle au vol abaissé d'argent.*

Après les abbés et les prieurs, nommons les curés de Saint-Jouin, aux XVIIe, XVIIIe et XIXe siècles :

Landry, vicaire perpétuel, janvier 1602 ;

Charles Lamy, vicaire perpétuel, 1603-1605 ;

François Aubry, curé, vicaire perpétuel, 12 novembre 1632 ;

Rouxeault, curé, vicaire perpétuel, 5 juillet 1634 ;

Pierre Fresneau, curé, 1636-1685 ;

Pierre Carle de Saint-Aymé, curé, 1685-1739 ;

François-Louis Chaillou, curé, 26 novembre 1739-1758 ;

Jean-Joseph Chaillou, curé, 1758-1766 ;

Michel Constantin, curé, archiprêtre de Mortemer, 1766-1782 ;

René Poirier, curé, 1783-1789 ;

Jean Faulque, curé jusqu'au 7 janvier 1790, régulièrement réinstallé le 11 septembre 1804, † 28 novembre 1826 ;

Sénéchault, curé, 1826-1837 ;

Darbord, curé, 1838-1847 ;

Louis Pigneux, curé, 1847-1874 ;

Joseph Garnier, 1874-1895 ;

Georges Martineau, curé, installé le 24 novembre 1895, si bienveillant pour les touristes et si zélé pour la restauration de son église.

L'abbaye de Saint-Jouin-les-Marnes avait, au XVIIIe siècle, deux cent seize bénéfices, parmi lesquels on compte environ 45 prieurés.

L'église de Saint-Jouin-les-Marnes est remarquable par ses vastes proportions et par son caractère architectonique. Elle mesure 71 mètres dans sa longueur, 14 mètres dans sa largeur, et 15 mètres de hauteur sous voûtes.

La façade, une des « plus belles pages de l'architecture poitevine du xiie siècle », est flanquée de quatre faisceaux de colonnes massives, qui la partagent en trois parties correspondant aux trois nefs. Les colonnes extrêmes supportent des tourelles octogonales terminées par une aiguille en pierre. Dans le sens horizontal, cette façade est de même divisée en trois zones ou étages : les trois parties du rez-de-chaussée offrent chacune une porte, celles du premier étage chacune une fenêtre, et le troisième étage est composé d'un pignon ou fronton sans corniches, dont le tympan est orné de statues. Comme Saint-Nicolas de Civray et Notre-Dame-la-Grande de Poitiers, Saint-Jouin présente une façade couverte de sculptures depuis le sol jusqu'au faîte. Saint-Jouin est moins riche que Notre-Dame-la-Grande, mais il a peut-être plus d'élégance naturelle que Civray, plus de majesté que Poitiers. Les figures qui décorent cette façade sont plus imposantes par la différence de leurs proportions, et l'ornementation très sobre ne sent ni la recherche ni l'effet Les statues qui ornent le tympan du fronton représentent le jugement dernier.

Les chapelles de l'abside sont toutes très ornées à l'extérieur, mais cette décoration est un peu moins ancienne : elle est de la fin du xii° siècle.

La nef se compose de dix travées, dont les trois premières ont seules conservé leurs voûtes primitives.

Au xv° siècle, les parties hautes des sept dernières travées de la nef et du chœur, ainsi que le déambulatoire et ses chapelles, reçurent de nouvelles voûtes du style xiii° siècle, de la forme la plus bizarre et la plus compliquée. Les bas-côtés ont encore leurs berceaux du commencement du xii° siècle, et la croisée sa coupole à huit pans supportant un clocher carré à deux étages. A l'époque de la reconstruction des grandes voûtes, l'abside fut percée d'ouvertures disgracieuses, qui viennent de disparaître dans la restauration entreprise avec tant de goût et de soin par les Beaux-Arts. Aux xive et xve siècles, le chœur et tout le bas-côté Sud de l'église furent munis d'ouvrages de défense. On vient de les faire disparaître en grande partie, comme déparant le monument.

Le mur méridional de l'église est percé de dix belles fenêtres à plein cintre, dont les archivoltes sont couvertes d'élégantes sculptures, palmettes, annelets, dents de scie, billettes, rosons, etc.

Le chevet est composé de trois absides demi circulaires éclairées par des fenêtres en ogive peu accentuée et entre chacune desquelles s'ouvre une autre fenêtre à plein cintre. Des faisceaux de colonnes élancées s'élèvent le long de ces absides entre chaque fenêtre. Une rangée de petites arcatures circule à la base, tout autour du chevet. Le sommet de cette partie du monument a cessé d'être défiguré par les lourdes constructions militaires des xive et xve siècles qui le surchargeaient. Cependant, on a conservé sur le transept du Sud une rangée de màchicoulis fort curieux et bien exécutés qui rappellent les anciennes fortifications.

Une coupole sur trompes s'élève sur l'intersection des transepts. Une absidiole s'ouvrait autrefois dans chacun des transepts. Celle de droite a disparu ; celle de gauche est dissimulée par un autel. Le chœur demi circulaire est entouré par les nefs collatérales formant déambulatoire. Le chœur est séparé du déambulatoire par des arcs en plein cintre retombant sur des piliers formés de quatre colonnes. La muraille circulaire du déambulatoire est décorée d'arcatures romanes.

Détail des sculptures.—Pour être complet, il faudrait

examiner les sculptures de la façade, puis celles de l'intérieur du monument et celles de l'abside.

Façade.— En avant d'une grande croix pattée, dessi-née en faible relief sur la muraille, au milieu du pignon, est assis Jésus-Christ, de taille colossale, couronné du nimbe crucifère. Il élève la main gauche, et baisse la droite qu'il tient ouverte ; il a les pieds nus. Le nimbe crucifère, aussi bien que la croix, indique, non Dieu le Père, mais le Christ, dans l'attitude du souverain Juge. La scène qui se déroule à ses pieds est celle du jugement dernier.

Deux anges debout, situés de chaque côté, sonnent de l'olifant pour éveiller les morts.

Au-dessous du Christ se voit une longue rangée de saints personnages, interrompue au milieu par une figure plus grande ; cette longue théorie de petits personnages peut représenter une procession de fidèles, ou plutôt la foule des morts, qui viennent de ressusciter au son de la trompette. Le grand personnage du milieu pourrait être la sainte Vierge.

Cette courte notice ne peut donner qu'un aperçu superficiel de cette belle page sculpturale.

Le tour de l'église présente, à l'intérieur, des orne-ments plus ou moins parfaits. Les fenêtres sont encadrées par une ceinture de rinceaux qui descend pour suivre un moment une ligne horizontale, puis se relève en courbe au-dessus d'une autre fenêtre. Cette manière, fait observer M. Arnauld, ne se voit guère que dans les églises du Poitou ; aussi, doit-on la regarder comme une des caractéristiques de leur architecture.

La crypte où chapelle souterraine est fort petite :

SAINT-JOUIN-de-MARNES (Deux-Sèvres). - Abside et Chapelle restaurées
de l'Eglise abbatiale (XIe et XIIe siècles)

on y voyait jadis un puits dont les eaux furent longtemps regardées comme miraculeuses. L'entrée de
cette crypte, qui n'a rien de remarquable, est sous la
stalle de l'abbé, au milieu du déambulatoire.

Cette église renferme la sépulture de nombreux
personnages de distinction. Plusieurs vicomtes de
Thouars, Aimeri V en 1127, Aimeri VI en 1139 et
Geoffroi IV en 1173, furent ensevelis dans le cloître
des moines. Plusieurs évêques reposent sous les
dalles de l'église, sans compter les membres de la
célèbre confrérie de Saint-Nicolas établie très ancien-
nement dans l'abbatiale, qui avaient le privilège
d'être inhumés en ce lieu.

Le cloître. — Le cloître, adossé au côté septentrional
de l'église, est l'œuvre de Pierre d'Amboise. On avait
bâti au xviiᵉ siècle, au-dessus des voûtes, de lourds
bâtiments, pour en faire l'infirmerie de l'abbaye.
Cette infirmerie comprenait trois chambres, dont
l'une avait une ouverture sur l'église pour l'utilité
des malades.

De ce cloître, il y a quelques années, les meneaux
étaient brisés. Sa beauté architecturale faisait re-
gretter l'état déplorable où il se trouvait. Heureuse-
ment sa restauration est aujourd'hui complète.
Les arceaux de ses larges travées retombent avec
ampleur sur des groupes de colonnettes et de filets
prismatiques très bien traités. Les nervures qui
sillonnent ses voûtes montrent à leurs points d'intersection des écussons, sur plusieurs desquels on
distingue les armoiries du fondateur. De grandes
arcatures ornées de festons trilobés éclairent ce
cloître.

Mobilier de l'église. — On ne s'étonnera pas de rencontrer à Saint-Jouin, en plein xvii° siècle, en pleine efflorescence de vie religieuse, une école de peinture et de sculpture. Les moines, mieux que qui que ce soit, savaient que les beaux arts ont toujours été les serviteurs de la foi des vieux âges. « Attachés aux pas de la religion chrétienne, nous dit Chateaubriand, ils la reconnurent pour leur mère dès qu'elle parut au monde ; ils lui prêtèrent leurs charmes terrestres, elle leur donna sa divinité (1). »

L'école de Saint-Jouin a produit plusieurs toiles estimées, conservées actuellement dans l'église Saint-André de Niort. L'église de Saint-Jouin présente elle-même deux peintures qui portent les dates de 1692 et 1693.

Les stalles sont de 1701.

Le lutrin, en bois de poirier, qui est admiré par tous les touristes, est du xvii° siècle. Sur le désir exprimé par le ministère des Beaux-Arts, ce lutrin a figuré, à Paris, dans le Petit-Palais, à l'Exposition universelle de 1900. Il y a été particulièrement remarqué. C'est une œuvre de premier ordre. Il représente un griffon aux ailes éployées, tenant dans ses pattes un écusson où est gravée la devise de l'ordre bénédictin : PAX. Il est assis sur un groupe de trois têtes d'anges, reposant elles-mêmes sur un large bouquet de roses finement sculptées ; trois enfants vigoureusement taillés debout sous le bouquet forment la base et supportent l'ensemble de ce meuble merveilleux (2).

(1) Le *Génie du Christianisme*, t. I, p. 349.
(2) B. Ledain, *Monuments du Poitou.*

L'église a eu cinq cloches. Le clocher est veuf de trois d'entre elles. La plus grosse de celles qui ont été conservées est de 1581. Elle fut donnée par Arthur de Cossé-Brissac, évêque de Coutances et abbé de Saint Jouin. Elle porte ses armes. Les inscriptions latines dont elle est ornée ont été relevées en 1885, par M. Léon Palustre. M. Jos. Berthelé, ancien archiviste des Deux-Sèvres, dans ses *Recherches pour servir à l'histoire des Arts du Poitou*, en parle ainsi : « La cloche de Saint-Jouin est la dernière en date des cloches poitevines, à nous connues actuellement, qui présente une inscription en caractères gothiques. » La seconde cloche, moins ornée, porte aussi en lettres gothiques la date de 1570.

Trésor de l'église. — Qu'on juge de l'effet que devait produire un autel paré par les richesses du trésor de l'abbaye en 1560. M. Bélisaire Ledain nous en donne une idée dans la description suivante :

« Un vaisseau fort précieux qu'on appelait le chef de Notre-Dame, soutenu de deux angelots : ledit vaisseau avait de patte un pied de longueur et demi-pied de largeur, le tout d'argent bien doré et émaillé. — Le chef et tête de saint Martin de Verton, d'argent bien doré et qui descendait jusqu'aux épaules et était de la grosseur de la tête d'un homme. Le bras de saint Sébastien avec la main, d'argent bien doré, avec beaucoup de pierreries bien émaillées. Le bras de saint Symphorien avec la main, bien enrichi de pierreries, le tout d'argent et bien doré. Un bras de saint Antoine, d'argent et bien doré, et enrichi de pierreries en émail. Un personnage et effigie de saint Jouin entier, avec la crosse et mitre, de la hauteur de plus d'un pied, le tout d'argent bien doré et enrichi d'une belle façon. Un autre petit personnage de l'effigie de saint Mandé, de même grandeur que celui de saint Jouin, d'argent bien doré. Un grand tableau sur lequel étaient posés six personnages de saints, qui étaient d'argent bien doré et enrichi de pierreries. — Un autre tableau de six autres personnages, qui étaient d'argent et bien dorés (1). »

L'église conserve quatre reliquaires dont deux reliquaires-châsses de bois noir, ornés de bronzes dorés et munis de cristaux taillés en biseau. Ces reliquaires renferment les reliques des saints Fauste et Célestin, martyrs. Au-dessus sont des reliques, apportées à Saint-Jouin en 1715, et authentiquées en 1900 par Mgr Pelgé, évêque de Poitiers.

Les autres reliquaires appartenant au trésor actuel de l'église paroissiale sont de fabrication récente.

On possède à Saint-Jouin des ornements liturgiques assez nombreux en vieille soie et en velours de Gênes.

Quoique les deux églises de Châteaux n'aient rien de remarquable et soient en ruines aujourd'hui, il est juste de les signaler, parce que là a été le premier berceau de l'abbaye, le lieu de retraite de saint Jouin. Leur existence est constatée historiquement, dès le IXe siècle. Elles s'appelaient, l'une Saint-Pierre (*Sanctus Petrus de Castellis*), l'autre Saint-Christophe, à l'origine, puis Notre-Dame. Les deux églises sont parallèles et très voisines l'une de l'autre.

Il existait sur le territoire de la paroisse trois

(1) Ledain, *Monuments du Poitou*, p. 69; Mgr Barbier de Montault, *Le buste de saint Adelphe*, p. 2.

autres chapelles, celles de Saint-Roch, de Notre-Dame-de-Pitié, et de Sainte-Anne.

La chapelle de Saint-Roch, située au village de Douron, est en grande vénération dans la contrée. On s'y rendait en procession le jour de la fête. Il en était ainsi dès l'année 1639.

La chapelle de Notre-Dame-de-Pitié, sise dans l'ancien cimetière, aujourd'hui la place publique, fut fondée par Thomas Duguet. Elle appartenait au chapitre de Saint-Hilaire-le-Grand, à Poitiers. Elle est actuellement la propriété par indivis des héritiers de l'acquéreur contemporain de la Révolution.

La chapelle Sainte-Anne, située à cinquante pas environ de Notre-Dame-de-Pitié, servit longtemps de mairie après la Révolution. Elle est maintenant détruite.

Ce n'est pas quelques pages, c'est un volume entier, c'est une monographie complète et détaillée qu'il faudrait pour faire revivre le passé quinze fois séculaire de notre abbaye. A ce travail, nous consacrerons volontiers, s'il plaît à Dieu, notre temps et nos forces, pour donner satisfaction à la légitime curiosité du public, et à la piété du pasteur, qui a mis un soin si intelligent à recueillir et à classer les monuments et les souvenirs échappés à l'action du temps. En attendant, ces pages, écrites pour l'édification, montreront ce que fut Saint-Jouin-les-Marnes à ses origines, nous voulons dire un foyer de vie surnaturelle, où s'alluma la piété de tout un essaim d'âmes saintes. Parmi ces âmes, Dieu en a discerné plusieurs qu'il a ornées du don des miracles, et auxquelles la vénération des peuples a décerné un culte public. Elles sont une élite, elles sont des fleurs plus parfumées que les autres restées dans l'oubli. A nous de les étudier et de les invoquer, à l'exemple de nos pères, qui nous ont transmis d'âge en âge leur mémoire bénie.

———————+·✕·+———————

CHAPITRE II

LES SAINTS QUI ONT VÉCU A ENSION.

1er juin (1). — Saint Jouin, Jouin en Poitou, Jouvin en Normandie (Jovinus).

Saint Jouin, contemporain de saint Hilaire, naquit d'une famille illustre, dans le territoire de Loudun, à Silly. Il reçut dès son enfance une excellente éducation selon les principes de la religion chrétienne. Il est plus probable qu'il passa les années de sa jeunesse dans la compagnie de saint Maximin son frère, auprès de saint Agrice, évêque de Trèves, et revint en Poitou vers l'an 347. Auditeur assidu de saint Athanase, pendant l'exil de ce grand évêque dans la ville de Trèves, il dut s'éprendre d'enthousiasme pour la vie des solitaires d'Egypte. Il conçut le dessein de les imiter. Aussi bien, lorsque saint Maximin fut mort, il se retira, à quelques milles seulement de Silly, sur une colline voisine d'une villa nommée Ension, qui, sans doute, faisait partie du domaine de sa noble famille. C'est là qu'il vécut de nombreuses années, peut-être de la vie des anciens ascètes égyptiens, et qu'il jeta les fondements d'un monastère, qui devint sous son nom l'un des plus célèbres du Poitou.

(1) On célébrait à Ension une autre fête de saint Jouin, le 3 mars; c'était celle de la translation de ses reliques, en 1130..

Le bourg de Saint-Jouin-de-Marnes se forma autour de l'abbaye de ce nom, près de l'antique Ension.

Le saint abbé gouverna avec la plus grande sagesse les moines rassemblés sous son autorité, et s'appliqua à les conduire jusqu'au sommet de la perfecton évangélique. Les mérites de sa vie le rendirent illustre, non moins que sa sainte mort arrivée vers la fin du IV⁰ siècle.

Aucune des reliques de Saint-Jouin n'a été conservée. Quand, en 1562, les huguenots saccagèrent le monastère de Saint-Jouin-les-Marnes, les saintes reliques furent en partie détruites par l'incendie qu'ils allumèrent.

Saint Jouin est patron des paroisses de Milly, canton de Cerizay, de Saint-Jouin-de-Marnes, canton d'Airvault, de Saint-Jouin-de-Viennay, canton de Parthenay, de Saint-Jouin-sous Châtillon, canton de Châtillon-sur-Sèvre, et de Boësse, canton d'Argenton-Château.

Il est aussi titulaire, dans le diocèse de Coutances, de deux chapelles, à Bricqueville-la-Blouette et à Brix. Il existait même dans cette dernière localité un prieuré de Saint-Jouvin.

15 septembre. — **Saint Achard, Aïchard ou Aïcadre, Acaire ou Achaire (Aïcardus, Aïcadrus, Aïchardus) (1).**

On s'accorde généralement à fixer la date de la naissance de saint Achard à l'année 623. Son père, l'un

(1; *Calendar, Benedictin.*, t. III, p. 766, etc.

des officiers les plus distingués de la cour du roi Clotaire II, s'appelait Anschaire, et sa mère Ermène. Un faubourg de Poitiers et un pont sur la Boivre portent encore le nom du saint (*Pont-Achard*), dont la famille s'est perpétuée depuis le vII^e siècle.

Les parents de notre saint rêvaient pour leur fils le plus brillant avenir à la cour ; mais Dieu en disposa autrement.

L'enfant fut élevé dans le monastère de Saint-Hilaire, à Poitiers. Sa première éducation fut confiée à un moine austère et vertueux, nommée Ansfroid.

A douze ans, le pieux écolier dit adieu à ce premier maître, embrassa ses parents en larmes et se rendit au monastère d'Ension, où il demanda à être reçu au nombre des religieux. Ce fut son noviciat dans la vie monastique. Devenu jeune homme, il commença par exercer son zèle en travaillant au salut de sa propre famille ; il décida son père à donner à l'église de Dieu et à ses serviteurs l'héritage qui lui revenait. « Si vous voulez conserver toujours vos richesses, disait-il à son père, je vous propose un héritier qui ne vous enlèvera jamais rien de votre fortune et, de plus, vous fera partager la sienne. Cet héritier, c'est le Fils du Père éternel, l'époux immortel de l'Église, le maître du royaume des cieux. Si vous voulez l'accepter comme légataire, la mort même ne pourra rien vous enlever ; si, au contraire, vous le repoussez, quand la mort viendra, vous perdrez tous ces biens terrestres et ne pourrez en emporter une obole dans l'autre vie. Et alors de quoi vous serviront-ils ?... » Son père, alors âgé de soixante ans, comprit ce beau langage. Il fit donation à Dieu, à Monseigneur saint Pierre et à l'abbé Filibert de son domaine de Quinçay et fit relever de ses ruines l'église et le monastère de Saint-Benoît, qui reçut probablement, à partir de ce jour, le nom complémentaire de Saint-Benoît-de-Quinçay.

Saint Achard avait alors 18 ans. Il demeura à Ension environ trente-cinq ans, après lesquels il rassembla autour de lui, à Quinçay, une quinzaine de moines, pris dans les environs, et dont la sainteté éprouvée et la pureté de mœurs lui étaient connues. Puis il leur donna une règle en prenant exemple des saints religieux qui vivaient sous la protection de saint Filibert. A cette nouvelle, saint Filibert envoya à Quinçay deux de ses disciples, saint Sidoine et saint Prédone, qui introduisirent dans son monastère les coutumes de Jumièges et confirmèrent Achard dans la dignité d'abbé.

Nommé dans la suite abbé de Jumièges par saint Filibert lui-même, il gouverna très saintement jusqu'à sa mort le troupeau qu'une main amie lui avait confié ; il ne gouverna cette maison que quatre ans. Filibert le précéda de trois ans dans la tombe.

Nous ne pouvons nous dispenser de citer un trait de son administration, rapporté par le moine Fulbert, qui, deux siècles plus tard, écrivit la vie du saint abbé.

« Filibert eut pour successeur, dit Montalembert, un noble Poitevin, nommé Aicadre (ou Achard), auquel se rattache une légende écrite deux siècles plus tard, mais qu'il faut rapporter ici comme une preuve du nombre toujours considérable et de la piété angélique des religieux de la grande abbaye.

« Selon ce récit, Aicadre, se sentant à la veille de

mourir, et craignant qu'après sa mort les religieux ne tombassent dans les ombres du péché, pria le Seigneur d'y pourvoir.

« La nuit suivante, il vit un ange qui parcourait le dortoir des religieux ; cet ange en toucha quatre cent cinquante de la verge qu'il tenait, il promit à l'abbé que dans quatre jours ils quitteraient la vie ; et que, lorsque son tour serait venu, ils iraient au-devant de lui dans le ciel.

« L'abbé, ayant averti ses frères, les prépara à l'heureux voyage. Ils prirent ensemble le viatique, et vinrent ensuite tenir chapitre, avec ceux des leurs que l'ange n'avait pas marqués. Chacun des élus se plaça entre deux de ces derniers, et tous continuèrent ensemble les chants du triomphe.

« Bientôt la figure de ceux qui devaient mourir commença à resplendir, et, sans donner le moindre signe de douleur, les quatre cent cinquante passèrent de cette vie à l'autre, le premier cent à l'heure de tierce, le second à sexte, le troisième à none, le quatrième à vêpres, et les derniers à complies. (La chronique affirme, selon M. l'abbé Cochet, qu'ils furent inhumés dans des cercueils de pierre.) Pendant huit jours on célébra les obsèques ; et ceux qui leur survivaient pleuraient de n'avoir pas été jugés dignes de les suivre (1). »

Il restait encore à Jumièges plus de quatre cents moines, parmi lesquels plusieurs qui avaient vieilli dans les pratiques de la vie monastique. Quelques-uns pleuraient de se voir encore sur la terre ; le saint

_____

(1) Montalembert, *Moines d'Occident*, t. II, p. 609.

abbé releva les courages abattus, et exhorta tout le monde à se conformer à la volonté de Dieu. Lui-même ajouta l'exemple à la parole, et les exercices de la vie claustrale reprirent leur cours avec une régularité nouvelle et plus édifiante que jamais (1).

Deshayes enlève le parfum de cette gracieuse légende (2), en ne voyant dans ce trait qu'une peste qui emporta la moitié des religieux.

Saint Achard mourut le 15 septembre 687.

Culte du Saint. — Saint Achard ne gouverna guère que quatre ans le troupeau que saint Philibert lui avait confié. Son saint ami l'avait précédé seulement de trois ans dans la tombe. Le corps du saint abbé de Jumièges fut inhumé dans l'église abbatiale du lieu, où son culte ne tarda pas à s'établir.

Au ixe siècle, une église fut construite en son honneur dans l'enceinte du monastère ; mais la crainte des Normands fit transporter ses reliques à Haspres, petit bourg de l'arrondissement de Cambrai (Nord), où elles furent conservées. Quelques parcelles en furent données au monastère de Saint-Benoit-de-Quinçay ; elles y furent honorées jusqu'à la Révolution de 1789.

Thibaudeau, qui écrivait avant la Révolution, dit à la page 146 du tome Ier de son *Histoire du Poitou:* « On prétend à Saint-Benoit que le tombeau de saint Achard est dans le chœur de l'église, du côté gauche, dans le mur. Lorsqu'on fit, il y a quelques années,

----

(1) *Acta SS.* Bolland., t. V, septembre, p. 101 ; Mabillon, Acta *SS. Ord. S. B., sœculi II,* t. II, p. 930.

(2) *Hist. de l'abbaye royale de Jumièges.*

les stalles du chœur, on enleva les ossements qui
étaient dans ce tombeau, on les plaça sous l'autel
comme des reliques de saint Achard. Il n'y a cependant pas d'apparence, et encore moins de preuve,
qu'on ait apporté à Saint-Benoît le corps de saint
Achard du monastère du Jumièges, où il était mort,
et dont il était abbé. »

Dans tous les cas, ce ne serait pas le corps entier du
saint qui aurait été apporté à Saint-Benoît-de-Quinçay, mais seulement une parcelle. Telle est l'opinion
de M. de Chergé, dans ses *Vies des saints du Poitou* :
« Lors donc que les moines de Quinçay se disaient
possesseurs des restes de leur saint abbé, ils ne pouvaient entendre parler que de quelques portions insignes qu'ils avaient sans doute obtenues de leurs
frères de Jumièges » (page 171).

Il était surtout invoqué en faveur des frénétiques
et des fous, qui souvent furent guéris par son intercession.

Rollon, après son baptême en 912, dota l'église de
Saint-Achard de Jumièges, qui était alors l'un des cinq
sanctuaires les plus célèbres de la Normandie (avec
l'abbaye de Saint-Ouen, et les cathédrales d'Evreux,
de Bayeux et de Rouen), au dire d'un chroniqueur
du XIIᵉ siècle (1).

Les moines de Jumièges avaient transporté dans le
Cambrésis leurs livres, leurs objets précieux et les
reliques de saint Hugues et de saint Achard, dont le
culte et les bienfaits devinrent si chers à ce pays que
les moines de Jumièges ne purent jamais obtenir

(1) Tougard, *Jumiéges*, p. 10.

le retour de ces restes précieux en Normandie. On leur en donna seulement quelques fragments.

L'abbaye de Notre-Dame-du-Vœu de Cherbourg possédait dans ses dépendances un ermitage de Saint-Achard ou de Saint-Achaire, qui lui avait été donné par la reine Mathilde, et cette donation lui avait été confirmée par une charte de Henri II, roi d'Angleterre (1).

16 juillet. — Saint Launégisile (Leunegesilus, Leonegesilus).

Ce saint fut moine de Saint-Jouin-les-Marnes au ve siècle. Le biographe de saint Martin de Vertou dit : « L'abbaye de Vertou, fondée par saint Martin, fleurit *per multa temporum curricula*; après quoi, elle eut pour père *Launégisile*. Or, ajoute Dom Chamard, Launégisile ayant vécu vers la fin du ve siècle, il faut bien conclure que saint Martin de Vertou, auquel on le fait succéder après *multa temporum curricula*, vécut non pas au vi^e siècle (de 527 à 602), comme l'ont affirmé un grand nombre d'historiens, mais au ive. Mabillon, il est vrai, a hésité à identifier cet abbé d'Ension avec le personnage mentionné dans un légendaire ; mais le motif de son hésitation a été uniquement la date assignée vulgairement à saint Martin du Vertou (2).

Launégisile vécut vers la fin du ve siècle. Il fut, en

(1) *Archives de la Manche*, série II, t. Ier, art. 1955 et 2193. Soc. Académ. de Cherbourg, année 1890-91, p. 54.

(2) Dom Chamard, *Histoire ecclésiastique du Poitou*, t. I, p. 405, 661 note, et t. II, p. 191.

effet, le maître de saint Généroux, qui eut lui-même saint Paterne, saint Scubilion et saint Mérault pour disciples. Saint Paterne étant né vers 480, saint Généroux devait être abbé dès la fin du ve siècle. Saint Launégisile vivait donc au ve siècle.

13 novembre. — **Saint Mérault, Mérulphe, Méru (Mayrulphus).**

Saint Mérault fut l'un des moines qui illustrèrent au vi^e siècle le célèbre monastère d'Ension, ou Saint-Jouin-les-Marnes. Malheureusement les documents anciens ne nous ont rien conservé de son histoire.

On sait seulement qu'il vivait au vi^e siècle, qu'il mourut prieur ou abbé de Boismé (1), et y fut enterré, dans une église qui fut placée plus tard sous son vocable.

Cette localité (*curtis de Bomniaco*), appelée *Boscum medeum* au moyen âge, fut jadis assez considérable, puisqu'elle possédait quatre églises, et probablement une *cellula* (couvent), à la tête de laquelle saint Mérault avait été mis par son abbé. Elle n'est plus aujourd'hui qu'un bourg de 4 à 500 habitants. On voit tout près de là les ruines du château de Clisson, où naquit Lescure, le saint du Poitou.

L'église de Saint-Mérault est mentionnée, en 1028, par une charte, où un savant prêtre du pays, le fameux Raoul Ardent, donna à l'abbaye de Saint-Cyprien de Poitiers quatre églises qui dépendaient de lui, et la

____

(1) Boismé, du canton de Bressuire, à 10 kilomètres sud-est de cette ville.

moitié d'un pré adjacent à celle de Saint-Mérulfe, qui était une de celles-ci. Une bulle d'Alexandre III, accordée en 1178 en faveur de ce même Saint-Cyprien, nomme cette église parmi celles dont il confirme la possession à l'abbaye. Le tombeau de saint Mérault était encore honoré au xvii⁰ siècle.

L'église actuelle, qui remonte probablement au xi⁰ siècle, a pour titulaire saint Pierre; saint Mérault n'est plus que le patron secondaire de la paroisse. Boismé se glorifie de posséder encore une relique de ce saint patron; mais l'authenticité n'en a pas été reconnue par l'autorité diocésaine, au sortir de la Révolution (1).

Une portion des reliques de saint Mérault déposées sous l'autel de Saint-Michel à Saint-Jouin-les-Marnes, où elles furent retrouvées en 1657, échappa aux dévastations du xvi⁰ siècle.

Le culte de saint Mérulphe s'est perpétué à Montcontour, où il existait une église sous son vocable. Cette église a cessé d'exister, mais le cimetière qui lui était contigu conserve le souvenir et garde encore le nom de cimetière Saint-Méru. L'église du prieuré de Saint-Méru est indiquée comme dépendant de Saint-Jouin dans une bulle donnée par le pape Alexandre III, en 1179, en faveur de cette abbaye (2).

16 avril. — **Saint-Pair** (3).

D'après le récit de Fortunat, évêque de Poitiers, et

(1) Boutin, *Légendes des saints de l'Église de Luçon*, p. 488.
(2) Auber, *Histoire générale du Poitou*, t. III, p. 159.
(3) Notre saint, qu'il ne faut confondre ni avec saint Paterne

les autres renseignements certains que fournit l'histoire ecclésiastique de la France, on peut résumer ainsi la vie de saint Paterne ou saint Pair. Il naquit à Poitiers, dans le pays d'Aquitaine, au commencement du règne de Clovis, vers 482. Il était issu d'une famille noble, d'origine probablement gallo-romaine, ainsi que l'indique son nom et celui de sa mère Julitte. Il était destiné aux fonctions publiques, auxquelles il avait été soigneusement préparé par une éducation distinguée. Sa mère était restée veuve à l'âge de soixante ans. Plus noble par les sentiments que par la naissance, il fit paraître, dès son enfance, la maturité de l'homme fait. Tout jeune encore, il entra au monastère d'Ension, appelé plus tard Saint-Jouin-les-Marnes (aujourd'hui département des Deux-Sèvres).

Saint Généroux en était abbé quand le jeune Paterne demanda à porter sous sa conduite le joug de la vie religieuse. Bientôt chargé par son abbé des fonctions de cellérier, il montra, dans ce premier emploi, qu'il pouvait être appelé plus tard par le Seigneur à une tout autre administration.

« Il était jeune encore et déjà frère convers, lorsque sa mère, voulant lui faire une tunique, plaça l'étoffe ourdie sur un toit. Un milan enleva cette étoffe et la porta dans son nid; on l'y retrouva intacte au bout d'une année. Ni les pluies de l'hiver ni les chaleurs de l'été n'avaient fait pourrir les fils de cette trame qui semblait sortir des mains de la fileuse

ou Padern, évêque de Vannes, ni avec un saint martyr du même nom, originaire du diocèse de Coutances, est appelé indifféremment : Paterne, Païern, Pair, Pouair, Poir, Pois et Palier.

tournant son fuseau. Paterne avait soif d'immolation, il sentit le besoin de sacrifier au Seigneur les douceurs de la famille. Il concerta avec Scubilion, moine du même monastère, le dessein de s'éloigner des siens, par amour du Christ. N'emportant avec eux qu'un psautier, ils résolurent d'aller vivre ensemble de la vie érémitique dans le Cotentin. »

D'après la règle de saint Basile, la seule qui fût alors en vigueur dans la Gaule, les jeunes moines portaient la tunique, les moines plus âgés avaient le *pallium* ou manteau ; les plus anciens portaient la coule (*cuculla*) avec un capuchon qui recouvrait la tête (1).

Scubilion partagea avec Paterne, qui n'était encore que convers, le pallium ou vêtement des frères profès, qu'il portait.

C'est ainsi qu'il voulut honorer les mérites du bienheureux Paterne ; il estimait qu'il ne devait y avoir aucune différence entre eux. Ils se proposaient d'aller dans une île voisine, afin d'y vivre dans une plus grande solitude, mais un homme craignant Dieu, nommé Aimable, les retint en leur disant qu'ils devaient bien plutôt aller à Scissy, pour y combattre le culte diabolique qu'y pratiquaient les habitants idolâtres.

La *Vie de saint Paterne* par Fortunat est le document le plus ancien qui porte la mention de Scissy : « *Fanum Scessiacum, Scessiacus.* » Les Bollandistes ont à bon droit identifié *Scissy* avec le *Fanum Martis* des Romains et avec Saint-Pair-sur-la-Mer (2).

(1) *Annales Ordin. S. Benedicti*, t. I, p. 82.
(2) Arthur du Moustier s'est trompé en faisant de *Scessiacus* Chezay, Chausey ou Jersey. (*Neustria pia*, p. 66.)

Continuons le récit de Fortunat : « Le saint ermite
se retira alors, avec son compagnon, dans une caverne,
creusée au flanc d'une montagne. Lorsque le peuple
vint au temple païen pour s'y livrer, suivant sa cou-
tume, à d'abominables sacrifices, les saints religieux
lui remontrèrent qu'il ne pouvait se sauver par de
vaines pratiques, qu'il ne devait espérer le salut
qu'en cessant d'irriter le Créateur et en le servant
avec un cœur vivifié par la pénitence.

« Le peuple accueillit avec mépris et irrévérence
les exhortations de ces vénérables religieux, et il continua opiniâtrément à remplir les rites détestables
qu'il avait commencés. Alors, saint Pair et son compagnon, s'armant de l'étendard de la croix et de la
ferveur de leur foi, allèrent vers les vases où cuisaient
les mets sucrés et les brisèrent avec leurs bâtons ; ils
renversèrent aussi les coupes qui contenaient le breu-
vage. Sans souci du danger qu'ils couraient en com-
battant pour le Christ comme de vaillants soldats, ils
allaient au-devant du martyre, si quelque adorateur
des idoles ne craignait pas de les frapper. Mais, par la
volonté divine, ce peuple qui pouvait les égorger fut
saisi de crainte.

« Lorsqu'ils retournaient à leur caverne, une femme
se dépouilla de ses vêtements pour outrager ces
justes. Elle fut aussitôt punie, un mal subit envahit
tous ses membres, et pendant une année entière elle
fut torturée par de cruels ulcères, jusqu'au jour où,
demandant pardon, elle obtint sa guérison, à la
prière des religieux. » A l'âge de soixante-dix ans,
vers 552, il succéda à Egidius, évêque d'Avranches,
qui vivait encore en 549, puisqu'il siégeait à cette

date dans le cinquième concile d'Orléans. Un événement merveilleux avait engagé saint Pair à accepter la charge épiscopale. Une nuit, pendant son sommeil, trois évêques voisins, morts depuis peu, Mélaine, Léontien et Vigor, lui étaient apparus, pour lui annoncer qu'il serait ordonné évêque. Il fut rempli de stupéfaction, mais il garda le silence sur cette vision, qui fut bientôt vérifiée. Pendant qu'il réfléchissait sur cette apparition, des envoyés du clergé et du peuple d'Avranches entrèrent dans sa cellule et le prièrent instamment d'accepter le gouvernement de leur église. Le saint crut voir dans ces événements le signe de la volonté de Dieu ; il ne put refuser aux prières du peuple et du roi de remplir la charge qui lui avait été annoncée.

Arrivé à Avranches, il soutint sa réputation de sainteté par plusieurs miracles. Il fit bâtir de nouvelles églises et réparer les anciennes ; il se montra surtout le père des pauvres par sa charité généreuse.

L'homme de Dieu n'oublia pas les monastères qu'il avait fondés. Un jour qu'il passait par Tinténiac (Ille-et-Vilaine), sur la route d'Avranches à Rennes, alors qu'il allait visiter un de ses monastères du diocèse de Rennes, une femme muette lui fut présentée pendant son oraison. Sever l'accompagnait. Aussitôt que le saint évêque eut cessé de prier, cette femme recouvra la parole qu'elle avait perdue depuis longtemps, et elle ne fut jamais reprise du mal dont elle avait été délivrée par l'invocation du Christ.

Saint Pair assista au deuxième concile de Paris en 557 ; il signa avec Lascivus, évêque de Bayeux, les canons de ce concile.

« Lorsque l'homme de Dieu accomplissait la treizième année de son épiscopat, il désira visiter ses frères de Scissy ; mais il tomba malade le lendemain de Pâques. Saint Scubilion fut également pris de mal dans son monastère de Maudane. Désirant se revoir avant de quitter cette terre, ils s'envoient des messagers qui se rencontrent, et on presse le bienheureux Scubilion de hâter sa marche pour rejoindre le saint évêque ; mais il avait à traverser un bras de mer, et il ne put le faire pendant la nuit. Enfin les deux saints n'étaient plus séparés que par un intervalle de trois milles (un peu plus d'une lieue), lorsque dans la même nuit le bienheureux Paterne et son saint frère rendirent à Dieu leurs âmes pieuses et prirent place avec les chœurs des anges, dans l'assemblée céleste, terminant ainsi leur noble tâche par une mort paisible et un glorieux triomphe.

« Saint Lô, évêque de Coutances, qui était venu huit jours auparavant visiter saint Pair (à Avranches), conduisait le corps de ce saint à Scissy pour y célébrer ses obsèques. L'évêque (de Bayeux) Lascivus (ou Lassivus) y conduisait de son côté le corps de saint Scubilion. Les deux cortèges se rencontrèrent sans l'avoir prévu, en chantant des psaumes, et les deux saints furent ensevelis, le même jour, au lieu de prière qu'ils avaient édifié. La mort ne sépara point ceux qu'une vie commune avait réunis ; inhumés à la même heure, l'un près de l'autre, ils ne se quittèrent pas dans leur suprême voyage. Les élus de notre Rédempteur, qui a tant aimé les hommes, avaient traversé le monde avec une égale sainteté ; ils firent encore des miracles après leur mort, et ils revivent dans leurs tombeaux par leurs bonnes œuvres. »

Après treize ans d'épiscopat, saint Pair était mort à l'âge de quatre-vingt-trois ans, le 16 avril 565. Lecointe s'est trompé, dans ses *Annales ecclesiastici Francorum*, en plaçant la mort de saint Pair en 563 ; son sentiment a été solidement réfuté par les Bollandistes. Saint Maur, qui avait apporté en France la règle de saint Benoît, mourut la même année que saint Pair.

Celui-ci fut inhumé avec son compagnon saint Scubilion, à l'extrémité orientale de l'oratoire de Scissy qu'ils avaient bâti. Leurs corps y reposèrent en paix, sous la garde de leurs disciples, jusqu'au commencement du xe siècle. Mais à cette époque les côtes de la Neustrie et de la Bretagne furent ravagées par les Danois ou Normands, qui « couvrirent alors la face de la terre comme des sauterelles » (1).

Le 26 août 1888, une nouvelle église a été consacrée à saint Pair, au milieu d'un grand concours de fidèles, par Mgr Germain, évêque de Coutances et Avranches. C'est un joli monument raccordé avec beaucoup de goût et d'intelligence avec l'ancien édifice. La vieille église forme l'arrière-chœur de la nouvelle, et, comme le sol de la vieille église se trouve un peu exhaussé, on aperçoit plus commodément la perspective des tombeaux de saint Pair et de saint Scubilion, renfermant leurs saintes reliques.

Le culte de notre Saint ne s'est pas renfermé dans les limites de la paroisse à laquelle il a donné son

(1) Chronique imprimée par A. du Chesne, *Scriptores historiæ Franciæ*, t. III, p. 336.

nom. Nous le trouvons en honneur dans l'Église romaine elle-même. Le martyrologe romain a fixé sa fête au 16 avril. Le martyrologe français de A. du Saussay place au 27 septembre la *Repositio Sancti Paterni* (1) : saint Paterne était invoqué dans les litanies du diocèse de Poitiers. Une église d'Orléans est sous l'invocation du saint évêque d'Avranches.

Au Xᵉ siècle, les Normands ayant envahi la contrée, une partie des reliques de saint Pair et de saint Scubilion fut emportée jusqu'à Paris par les moines de Scissy. Les villes d'Orléans et d'Issoudun obtinrent, à cette occasion, les reliques de saint Paterne qu'on y vénère de temps immémorial ; il y en eut aussi de transportées jusqu'en Angleterre. Actuellement, selon toute probabilité, plusieurs ossements de saint Pair et de saint Scubilion sont gardés, sans titre distinctif, dans l'église de Saint-Jacques-du-Haut-Pas, à Paris, héritière des trésors sacrés de l'ancienne église de Saint-Magloire.

16 avril. — **Saint Scubilion ou Escouvillon** (2).

Le nom de saint Scubilion est inséparable de celui de saint Pair. Nous ne connaissons la vie de saint Scubilion que par ce que nous savons de saint Pair. La notice de ce saint par Fortunat est le seul texte qui nous donne quelques détails sur le compagnon

(1) P. 449.
(2) *Escupilio* et *Escubilio* sont les formes vulgaires de *Scubilio*, comme *Estephanus* et *Esculum*, qui ont donné *Étienne* et *Escu* ou *écu*.

de saint Pair. Il se livra d'abord à la vie religieuse
dans un monastère du Poitou, celui d'Ension, devenu
plus tard Saint-Jouin-les-Marnes. Le jeune Paterne vint
bientôt se mettre sous la discipline de l'abbé Généroux. Scubilion, qui l'avait précédé dans la vie religi-
gieuse, était d'une vertu éprouvée. Ces deux âmes
d'élite se comprirent et concertèrent le dessein de
quitter leur pays et leurs parents. Scubilion portait
le manteau de religieux qu'il partagea avec son jeune
compagnon. Les deux pèlerins parvinrent sur les
limites des évêchés d'Avranches et de Coutances,
près le caillou du Thar, dans la forêt de Scissy. Leur
but était de passer dans une île voisine. Mais un
habitant du pays, nommé Aimable, fit tant d'instances
auprès des hommes de Dieu qu'il les convia à demeu-
rer à Scissy. Ils vinrent à bout d'abattre l'idolâtrie
dans la contrée.

D'après la tradition, la forêt de Scissy couvrait en
partie la baie du Mont Saint-Michel. Le rocher de
122 mètres d'altitude que couronne aujourd'hui la
célèbre abbaye, appelée « la Merveille de l'Occident »,
dominait alors les grands arbres, et présentait la
forme d'un mausolée ; c'est pourquoi, dit un ancien
auteur, on lui donna le nom de Mont-Tombe. La
mer y gagna peu à peu du terrain, et, vers l'an 709,
ce qui restait de bois fut détruit dans une grande
marée. Arthur du Moustier, auteur de la *Neustria
pia*, raconte ainsi ce bouleversement : « Deo permit-
« tente, mare sylvam quantamcumque esset, supera-
« vit ac protrivit, replevitque arena locos Monti
« Tombelino adjacentes. » Dès lors, dit Guillaume
de Saint-Pair (XIIe siècle), la forêt autrefois remplie

de cerfs et de mainte venaison, ne fut plus habitée que par les poissons de l'océan. Jules Girard, dans son intéressante et savante *Géographie des côtes de France* (p. 83), dit qu'actuellement on y découvre encore, aux marées d'équinoxe, des traces d'arbres ensevelis dans les grèves (et quelques-uns pourvus de leurs branches), ainsi que les vestiges d'une voie romaine. A mer basse, les eaux se retirent à dix kilomètres, laissant à découvert des grèves d'une superficie d'environ 250 kilomètres carrés, ressemblant à un désert de sable blanchâtre. Au moment du flot, la mer se précipite sur cette surface si parfaitement nivelée avec la vitesse d'un cheval, pour se retirer ensuite avec la même rapidité. Ce seul phénomène, qui ne se rencontre que là dans de semblables proportions, semblerait indiquer un cataclysme quelconque arrivé dans cet endroit, et donner raison à la tradition.

Quoi qu'il en soit, ce qui paraît certain, c'est que la forêt de Scissy s'étendait jadis jusqu'au petit bourg de Saint-Pair-sur-Mer, qui s'est élevé précisément sur l'emplacement du monastère de Scissy et de l'ermitage de Saint-Paterne (Bolland.) C'est dans cette même forêt que s'établirent probablement les moines qui vinrent se mettre sous la direction de saint Pair et de saint Scubilion, et il est fort à croire qu'ils firent dès lors du Mont-Tombe le lieu de leurs résidences préférées. Une chapelle élevée au Mont-Saint-Michel en l'honneur de saint Scubilion semble confirmer encore cette opinion.

Trois ans après leur arrivée dans le Cotentin, Généroux, leur abbé, qui était venu visiter ses deux religieux, ramena Scubilion à Ension ; mais il lui permit bientôt de retourner auprès de son frère. De retour à Scissy, Scubilion continua sa vie apostolique, à la grande édification du peuple et de l'évêque de Coutances saint Lô. Le Pontife avait tant de confiance dans les lumières du prêtre Scubilion, qu'il l'envoya pour le représenter au quatrième concile d'Orléans, tenu en 541. Scubilion, comme Paterne, avait été ordonné prêtre par Léontien.

En s'excusant par son délégué de ne pouvoir se trouver en personne au concile, le saint évêque priait ses frères dans l'épiscopat de tenir compte du mémoire qu'il leur faisait tenir par rapport aux abus qu'il signalait dans l'Église. Le concile reçut avec joie Scubilion, et l'admit à donner sa voix délibérative, au nom de celui qui l'envoyait. On lit en effet dans les souscriptions du quatrième concile d'Orléans : « Scubilion, prêtre délégué de Lô, évêque de Coutances, j'ai consenti et souscrit (1). »

D'après ces actes authentiques, saint Scubilion, en 541, n'était pas encore abbé, et il était très probablement sous la juridiction de l'évêque de Coutances ; il habitait donc Scissy, à cette date. Le temps de la séparation vint pour les deux apôtres et anachorètes de Scissy. Ils ne s'étaient pas contentés de recevoir auprès d'eux, à Scissy, des émules de leur genre de vie, tels que Guithier et Sénier ; mais ils fondèrent des monastères dans le diocèse de Rennes, de Bayeux, de Coutances, du Mans et d'Avranches. Maudane était

(1) « Escupilio, presbyter imissus à Lautone episcopo civitatis « Constantie, consensi et suscripsi. »

un de ces monastères. Scubilion en fut le premier abbé. Difficile est la tâche de l'historien qui essaie de fixer l'emplacement de ce monastère. *Maudane*, et non *Mandane*, répond à la leçon *Maudanense*, adoptée dans les meilleures éditions de la *Vita Sancti Paterni*, qui a été donnée par Dom Mabillon et reproduite par Krusch (1).

C'est à des fautes de copistes que l'on doit attribuer la leçon *Mandane*. Maudane est un nom de lieu très ancien : on le retrouve dans Modane en Savoie, Modène dans le département de Vaucluse, et dans Modène en Italie.

La difficulté de fixer l'emplacement du monastère de Maudane vient de sa destruction totale avant le x⁰ siècle. Maudane est un de ces monastères mérovingiens qui, de même que l'abbaye du Ham près de Montebourg, ont été complètement détruits dans les incursions des Danois, des Saxons et des Normands, sur le littoral de la Neustrie et de la Bretagne. La *Neustria Pia* (2), par Arthur du Moustier, l'identifie avec le monastère de *Malduine* ou *Mauduine* et le place dans le diocèse de Coutances. Il en est qui, sans sortir des limites du même diocèse, ont voulu trouver Maudane sur le Mont-Tombe ou Mont-Saint-Michel ou même à Tombelaine ; d'autres enfin l'ont cherché à la pointe de Carolles dans la chapelle Saint-Clément. Nous aimons mieux fixer le monastère de Saint-Scubilion dans le diocèse de Bayeux. Les indications importantes fournies par le récit de Fortunat sem-

(1) Tardif, *Saint-Pair sur-la Mer et les Saints*, etc., p. 72, 82
(2) P. 63.

blent nous amener forcément à cette conclusion. Ce fut l'évêque de Bayeux, Lascivus ou Laucius (557-580), qui conduisit le corps de notre Saint à Scissy. On est donc fondé à croire que Lascivus était l'évêque de Saint-Scubilion et que Maudane appartenait à son diocèse. Mais quel était le bras de mer qui séparait Maudane, dans le diocèse de Bayeux, de Scissy, à l'extrémité du diocèse de Coutances ? Ce peut être la baie des Veys (Vada, les gués), formée par la réunion de la Vire, de l'Ouve et de la Taute.

Saint Scubilion ne quitta peut-être sa solitude de Scissy qu'en 552, lorsque saint Pair fut appelé au siège épiscopal d'Avranches. C'est ce que semble confirmer le récit de Fortunat, dans sa gracieuse légende des deux colombes : « Un jour que saint Pair quittait Scissy pour se rendre à Avranches, il demanda à son frère Scubilion de lui permettre d'emporter deux petites colombes, qu'il avait élevées. Celui-ci répondit : « Je désire les garder pour me consoler de votre absence ». Saint Pair repartit : « Qu'elles restent auprès de celui qu'elles aiment le mieux. »

« Lorsqu'il fut arrivé à Avranches, à la distance de près de dix-huit milles, les colombes, qui avaient suivi sa trace, vinrent le rejoindre le lendemain. Saint Pair tomba malade le lendemain de Pâques, dans sa ville épiscopale. Son saint ami de Maudane fut également atteint par la maladie dans son monastère. Désirant se revoir avant de quitter cette terre, ils s'envoient des messagers qui se rencontrent et pressent le bienheureux Scubilion de hâter sa marche pour rejoindre son frère ; mais il avait à traverser un bras de mer, et il ne put le faire pendant la nuit.

Enfin les deux saints n'étaient séparés que par un intervalle de trois milles (un peu plus d'une lieue), lorsque dans la même nuit le bienheureux Paterne et son saint frère rendirent au Christ leurs âmes pieuses et prirent place, avec les chœurs des anges, dans l'assemblée céleste, terminant ainsi leur noble tâche par une mort paisible et un glorieux triomphe. »

Saint Scubilion mourut à près de quatre-vingt-dix ans, le 16 avril 565, quelques jours après la fête de Pâques, qui tombait cette année le 5 avril.

Saint Lô, évêque de Coutances, vint, après la fête de Pâques, à Avranches, visiter saint Pair. Pendant qu'il conduisait le corps de ce saint à Scissy pour y célébrer ses obsèques, l'évêque (de Bayeux) Lascivus y accompagnait, de son côté, les restes mortels de saint Scubilion.

Les deux cortèges se rencontrèrent sans l'avoir prévu, en chantant des psaumes, et les deux saints furent ensevelis le même jour dans l'oratoire qu'ils avaient édifié.

L'abbé de Maudane fut inhumé près de saint Pair, à côté de l'autel de l'oratoire, où son cercueil a été retrouvé en 1875.

Unis après leur mort comme ils l'avaient été pendant leur vie, les deux saints sont restés à Saint-Pair l'objet d'une égale vénération ; quand on suit l'histoire de leurs reliques, on trouve qu'elles eurent le même sort, à travers les siècles.

Les moines de Scissy transportèrent d'abord à Dol, puis au monastère de Saint-Pol-de-Léon (Finistère), une partie du corps de saint Pair et de saint Scubilion.

Salvator, évêque d'Aleth, y arriva bientôt avec les reliques de saint Malo. Sur ses conseils, les moines neustriens et bretons ne tardèrent pas à quitter ce monastère menacé par les Normands, et ils emportèrent les corps de saint Pair et de saint Scubilion avec beaucoup d'autres, que la chronique mentionne. Les fugitifs errèrent longtemps dans des pays qui leur étaient inconnus, et ils arrivèrent à Paris, domaine et résidence du puissant duc des Francs et comte de Paris, Hugue le Grand, père de Hugue Capet. Les reliques dont ils étaient porteurs furent déposées solennellement dans l'église Saint-Barthélemy. De là elles furent transportées dans l'église Saint-Georges, qui prit le nom de Saint-Magloire de 1138 à 1572. A cette dernière date, Catherine de Médicis transporta les religieux de Saint-Magloire sur la rive gauche de la Seine, dans les bâtiments de l'hôpital Saint-Jacques-du-Haut-Pas. Les reliques dont ils étaient dépositaires les suivirent en ce lieu et y demeurèrent jusqu'en 1790. Depuis, elles ont été conservées dans l'église paroissiale de Saint-Jacques-du-Haut-Pas. Mais les reliques de saint Pair et de saint Scubilion ne portent aucune inscription qui permette de les distinguer. Un inventaire de l'abbaye de Saint-Magloire, fait en 1327, mentionnait déjà plusieurs châsses dont les reliques étaient dépourvues d'inscriptions

« Item en une petite châsse delez cele dessus a plusieurs grans reliques, en grant quantité, lesquels creons estre escris ou livre de vie. » Le 16 novembre 1848, M⁰ʳ Robiou, évêque de Coutances, visita les tombeaux de saint Pair et de saint Scubilion, élevés au milieu du chœur. Dans celui « de saint Scubilion on trouva une quantité considérable d'ossements : le chef, qui était au fond du tombeau, un tibia entier, les deux rotules et plusieurs autres ossements, quelques-uns tout à fait pulvérisés ; d'autres, qui avaient conservé leur forme, ne résistaient point au contact » (1). Une nouvelle visite des mêmes tombeaux fut entreprise en 1875. Les fouilles commencèrent le 14 septembre, et continuèrent les jours suivants.

Le 14 septembre, on mit à nu les tombeaux de saint Pair et de saint Scubilion, placés à droite et à gauche de l'autel primitif, au fond de l'ancienne abside. Le cercueil de saint Scubilion se trouvait à gauche de cet autel ; ce cercueil était très bien conservé ; celui de saint Pair était en plus mauvais état.

Le 16 septembre, on ouvrit les tombeaux élevés au milieu du chœur et visités en 1848. Le tombeau de saint Scubilion contenait de nombreux ossements, des charbons, des débris de bois et de ferrures, un morceau de verre antique et une monnaie de cuivre que les renseignements ont reconnu pour un denier de Charles VI, émis en 1389.

Ces reliques, comme celles de saint Pair, furent déposées dans des boîtes de fer-blanc, qui ont été enfermées dans des châsses de chêne, sous la garde du sceau épiscopal.

Le culte de saint Scubilion n'a pas eu la célébrité de celui de saint Pair. On ne cite pas une église éri-

(1) Extrait du procès-verbal, déposé aux archives de l'évêché de Coutances.

gée sous son vocable. Le martyrologe français de A. du Saussay (p. 1172) place au 23 octobre l'*Inventio sancti Scubilionis.*

16 *iuillet.* — Saint Généroux, ou Gendreux, Gendroux (Generosus).

Un certain nombre d'hommes remarquables vécurent à Ension soit avant, soit après saint Généroux.

Généroux était romain d'origine. Ayant quitté sa patrie pour visiter les régions occidentales, il arriva dans le Poitou, au monastère d'Ension, où il prit l'habit religieux, après avoir constaté de ses propres yeux combien était méritée la grande réputation dont jouissait cette pieuse demeure. Le nouveau religieux fit de si rapides progrès dans l'observance de la discipline régulière qu'après la mort du saint abbé Launégisile, les moines, d'un commun accord, le reconnurent digne d'être mis à leur tête.

Son zèle tempéré par la discrétion les dirigea dans les voies de la sainteté, et sut les maintenir dans la sage limite des austérités proscrites par la règle. Aussi, ayant appris que Paterne, qui avait quitté son monastère, trois ans auparavant, pour se retirer dans le diocèse de Coutances, épuisait ses forces par une pénitence excessive, il l'alla trouver, et réussit à lui faire adopter un genre de vie un peu moins sévère.

L'abbé d'Ension visita les solitudes de Scissy, d'où il ramena en Poitou Scubilion, comme un gage du zèle qu'il avait mis à la recherche des deux fugitifs. Mais Généroux permit, peu de temps après, à Scubilion de retourner près de son saint ami. Généroux ne pensa plus qu'à imiter la vie de Paterne et de Scubilion.

A quelques milles de son monastère d'Ension, à quelques pas de la rivière du Thouet, une colline assez semblable à celle de Scissy formait également vers sa base une excavation qui rappelait la caverne de Paterne. Protégée contre les vents du nord, elle était environnée, vers le midi, d'un bois épais, aujourd'hui transformé en prairies et en jardins, à travers lesquels le Thouet roule ses eaux paisibles. C'est là que vint vivre et prier le saint abbé d'Ension.

Après de longs jours passés dans cette solitude, Généroux s'endormit dans le Seigneur, le 16 juillet de l'an 521 environ.

Son corps fut inhumé dans l'oratoire qu'il avait élevé et où il avait célébré les saints mystères. Cet oratoire devint plus tard église paroissiale et prieuré, dépendant de l'abbaye de Saint-Jouin-les-Marnes.

A une époque inconnue, peut-être pendant l'invasion des Normands, le corps du saint abbé fut déposé dans un sarcophage de pierre, taillé, dans sa partie supérieure, de manière à encadrer la tête, et il fut transporté au-dessus de la porte de l'ancienne sacristie, aujourd'hui transformée en chapelle de la Sainte-Vierge. Ce sarcophage y servait de linteau et était surmonté d'une fresque représentant le bienheureux avec cette inscription placée au-dessous et coupée en deux par l'arceau de la porte :

GENE — ROSVS.

Il est regrettable que cette fresque, ainsi que deux autres de la même église, ait été détruite ou couverte de badigeon en 1844.

Saint Generosus dut à la popularité de son culte d'avoir vu ses reliques traverser la grande Révolution sans aucune profanation. Le curé de la paroisse ayant eu la faiblesse de prêter le serment schismatique, put, sans être inquiété, continuer ses fonctions pastorales dans son église durant toute la tourmente révolutionnaire. C'est ce qui explique cette préservation.

Cependant, malgré une enquête faite le 4 juin 1844, pendant laquelle le corps du Saint fut trouvé intact, et en dépit d'un rapport favorable du 19 mai 1845, ces restes précieux gisent sans honneur dans une boite solidement fermée et reléguée sur un meuble de la sacristie (1).

Ces témoignages authentiques et précis n'ont pas empêché le chanoine Auber, dans ses *Vies des Saints du diocèse de Poitiers*, p. 218, et plus récemment dans son *Hist. générale du Poitou*, t. I, p. 374, de dire que *les reliques de saint Généroux ont disparu, dispersées* ou profanées par la guerre ou l'impiété. Il est vrai *que la visite du 21 avril 1755 (Ms. arch.)* porte qu'il n'y a point d'autre authentique que le vu du curé actuel.

Le pouillé du Grand-Gauthier et celui de 1782 mentionnent l'église paroissiale de Saint-Généroux. L'abbé de Saint-Jouin-les-Marnes en était patron. Le prieuré de Saint-Généroux dépendait aussi de l'abbaye de Saint-Jouin-les-Marnes.

En Vendée, saint Généroux est particulièrement honoré dans l'église de Girouard (canton de la MotheAchard), dont il est titulaire (2).

(1) Dom Chamard, *Hist. eccl. du Poitou*, t. II, chap. vi, *passim*.
(2) Boutin, *Légendes des Saints de l'Église de Luçon*, p. 281.

L'église de Saint-Généroux est encore debout depuis treize siècles (Canton d'Airvault, Deux-Sèvres) Avec le temple Saint-Jean de Poitiers, c'est, dans son ensemble, l'une des églises les plus remarquables de l'époque mérovingienne et l'un des plus anciens monuments religieux du Poitou et de la France. Elle a été complètement et habilement restaurée de nos jours. Les murs latéraux de la nef sont percés, au sud, de fenêtres que séparent, à l'extérieur, des frontons triangulaires simulés avec des appareils d'ornementation ; le mur oriental de la nef et de l'abside est décoré de la même manière ; sur les grandes arcades de l'entrée du chœur sont percées des baies. à colonnettes formant une fausse galerie d'un bel effet.

CHAPITRE III

LES SAINTS DONT LES CORPS ONT ÉTÉ APPORTÉS
A ENSION.

Le 15 novembre 1130, on découvrait dans l'abbaye de Saint-Jouin-les-Marnes plusieurs corps saints que l'on y avait cachés pendant les invasions des hommes du Nord. C'étaient ceux de saint Martin de Vertou, de saint Judicaël, de saint Lumine (*Leominius*), de saint Rufin et de saint Méen ou Mandé.

Bien que ces saints n'appartiennent pas à l'abbaye d'Ension par leur vie, nous croyons utile d'édifier le lecteur sur leur glorieuse carrière, à cause de la fête annuelle que leur invention a motivée et qui dure encore.

Le plus célèbre de tous ces bienheureux est saint Martin de Vertou.

25 *octobre* (1). — **Saint Martin de Vertou.**
(*Vertavensis.*)

Saint Martin de Vertou naquit à Rezay, au *pagus Ratiatensis*, d'une famille noble d'Aquitaine (2), dans

----

(1) La fête de saint Martin se célèbre le 24 octobre, dans les paroisses dont il est le patron ; ailleurs elle se célèbre le 25, à cause de la fête de saint Raphaël qui tombe le 24.

(2) Albert le Grand, *Vie, gestes, mort et miracles des saints de la Bretagne Armorique*, p. 382.

le IVe siècle. Après des études brillantes, il comprit jeune encore la vanité des richesse et des honneurs, et il embrassa l'état ecclésiastique. N'étant encore que diacre, il se sentit épris d'une grande soif de vivre dans la solitude. Vertou (*Vertavum*), près de l'île d'Olonne, fut le lieu de sa retraite. Là il vivait dans le silence, la prière et la pénitence, quand il vit venir à lui le prêtre Vivent (*Vicentius*), aussi appelé *Vincentius*. Pendant le séjour qu'il fit près de saint Martin, Vivent ressuscita un enfant mort sans baptême, et le rendit à sa mère, après l'avoir baptisé. De là il se rendit auprès de saint Hilaire, alors revenu de son exil.

Saint Martin se mit à évangéliser le pays d'Herbauges. A la vue des foules païennes qui demeuraient dans le voisinage, il entreprit de les convertir à la foi du Christ. Ce pays avait alors pour chef-lieu une ville florissante. Les habitants avaient jusque-là résisté aux efforts des hommes de Dieu qui avaient essayé de leur annoncer l'Evangile. Martin ne fut pas plus heureux dans les entreprises de son zèle. Tous ses efforts se brisèrent contre la dureté de ces cœurs d'airain. Un seul foyer s'ouvrit pour recevoir l'apôtre, celui de Romain. Il ne tarda pas à le convertir, lui et sa femme, et ces cœurs droits consolèrent par leur fidélité l'âme attristée de saint Martin. Pendant qu'il s'affligeait de la conduite criminelle des habitants d'Herbauges, le serviteur de Dieu fut averti par le ciel du châtiment qui attendait la ville coupable. Il fit sortir Romain et sa femme de la ville maudite, qui fut détruite tout entière, et s'abima dans les eaux qui envahirent le sol sur lequel elle s'élevait.

Que ce fait doive être considéré comme un miracle opéré par la justice de Dieu pour punir un peuple coupable, ou qu'il soit le résultat des causes naturelles dont la Providence sait également se servir pour châtier les crimes des hommes, toujours est-il que la ruine d'Herbauges engloutie dans les eaux est une des traditions les plus anciennes et les plus constantes du pays. Cette tradition est confirmée par les monuments historiques, et consignée, en particulier, dans la première *Vie de saint Martin*, écrite avant l'invasion des Normands.

Saint Martin se retira à l'extrémité du désert, à l'entrée d'une vaste forêt. Il entreprit, de concert avec Maximin, évêque de Trèves, un voyage à Rome. La légende rapporte au sujet de ce voyage le miracle fameux de la monture dévorée par un ours, auquel Martin imposa la tâche de remplacer sa victime pour le transport des bagages des voyageurs. Le fauve obéit et revint avec eux jusqu'au village d'Urseria, où ils lui rendirent la liberté.

Saint Martin aurait entrepris d'autres voyages et serait allé jusqu'en Angleterre. A son retour, en passant dans le diocèse de Bayeux, il visita un seigneur puissant de cette contrée, qui venait de perdre deux enfants jumeaux, qu'une mort prématurée avait enlevés, avant qu'ils pussent recevoir le baptême. Les parents étaient dans la désolation. Le saint obtint du ciel la résurrection des deux enfants. Plus tard ils embrassèrent l'état religieux dans le monastère des Deux-Jumeaux, fondé sur le patrimoine de leur famille.

Revenu de ses courses apostoliques, saint Martin s'était retiré, non plus dans son ancienne solitude, mais dans un lieu situé sur la rive droite de la Sèvre Nantaise, à deux lieues de Nantes. C'est là qu'il vécut dans la prière et la pénitence. Il y fonda un monastère appelé Saint-Jean-Baptiste de Vertou, du nom de son ancienne solitude. Enfin il reçut du ciel l'ordre de reprendre les travaux de l'apostolat. C'était le temps où la prédication et les miracles de Martin, fondateur de Ligugé, répandaient partout l'enthousiasme pour la vie monastique. L'apôtre de Vertou vit sa parole recueillir les fruits de cette émotion universelle. Il exerça une immense influence dans le Bas-Poitou. Aussi son souvenir n'y est-il pas effacé même de nos jours, notamment à Givre, à la Jonchère, dans l'île d'Olonne et à Notre-Dame de Mons.

Il bâtit deux monastères à Durinum, ou Saint-Georges-de-Montaigu, l'un pour les hommes, l'autre pour les femmes. Mais c'est surtout à Vertou (*Verta-vum*), qu'il avait établi, sous l'invocation de saint Jean-Baptiste, la plus importante de ses fondations monastiques. Il en fit le centre de ses courses apostoliques. Enfin vint l'heure de la récompense éternelle. Avant de quitter ses enfants de Vertou pour se rendre à Durinum, il eut le pieux mouvement de planter son bâton dans le cloître : « Ce sera, leur dit-il, le signe de mon affection pour vous. »

Ce bâton desséché, qu'il avait planté, devint un grand arbre. Les personnes atteintes de la fièvre ou d'autres maladies venaient en cueillir les jeunes branches, qui leur servaient de remède. « Que de fois, dit un pieux biographe, qui écrivait vers la fin du IXe siècle, nous avons regardé et embrassé cet arbre avec amour de notre Père ! » Le savant Mabillon assure qu'on voyait encore le tronc de cet arbre au xviiᵉ siècle, et que les habitants ne manquaient jamais d'en détacher des fragments qu'ils conservaient avec dévotion.

Saint Martin s'endormit dans la paix du Seigneur, à Durinum, le 24 octobre, vers l'an 370. Un débat s'éleva entre les religieux de Durinum et ceux de Vertou : les uns voulaient garder le corps de leur père, les autres le réclamaient comme leur appartenant de plein droit. Ce fut Vertou qui eut l'honneur de posséder ces restes précieux. Un grand nombre de miracles y furent opérés par l'intercession du saint.

Beaucoup de localités de la Vendée angevine et poitevine le reconnaissent pour leur patron, ce qui est une preuve que plusieurs de ces centres de population ont été le théâtre de ses prédications et de ses miracles (1).

En 843, ses reliques furent portées, par crainte des Normands, à l'abbaye de Saint-Jouin.

C'était l'époque du sac de Nantes par les Normands. La châsse et les reliques du saint furent transportées dans une ville nommée *Noviheria*, probablement *Neuvy-en-Mauges* (canton de Chemillé), ou Gennes, sur la Loire. De là elles passèrent à Ension.

Jadis, dans le diocèse de Luçon, en la paroisse de Saint-Martin-Lars-en-Hermine, il y avait une chapelle, située au village de la Petite-Bouyrelière, qui possédait des reliques de saint Martin de Vertou.

Au xviiᵉ siècle, les religieux de Vertou, privés de

____

(1) Dom Chamard, *Origines de l'Eglise de Poitiers*, p. 346, etc.

leurs reliques, sollicitèrent de leurs frères de Saint-Florent-les-Saumur quelques parcelles qui avaient échappé aux profanations de 1562. Ils en obtinrent le chef presque entier de leur saint fondateur ; mais celui-ci disparut dans la tourmente révolutionnaire de 1793.

Contrairement à l'opinion du chanoine Auber, historiographe du Poitou, nous admettons la contemporanéité de saint Hilaire et de saint Martin de Vertou. Dom Chamard, qu'a suivi l'abbé Boutin dans ses *Légendes des Saints de l'Eglise de Luçon* (p. 442), place à bon droit saint Martin de Vertou au IVe siècle, non au VIe.

« Jusqu'à nos jours, dit l'abbé Boutin, les biographes de saint Martin de Vertou ont affirmé, sur la foi des anciens légendaires, que ce saint abbé a vécu au VIe siècle (de 527 environ à 601 ou 602). La légende de ce saint a paru assez authentique à l'illustre Mabillon et même aux nouveaux Bollandistes ; mais la critique moderne s'est montrée plus sévère ; après avoir scrupuleusement étudié les sources primitives, elle a conclu à une interpolation manifeste de documents plus anciens, ce qui oblige à reporter à deux siècles en avant l'existence du saint abbé de Vertou. »

Le représentant le plus autorisé de cette opinion est le savant bénédictin Dom Chamard, qui a consacré plus de vingt années de travaux patients et assidus à l'étude de l'histoire religieuse du Poitou. Nous le laisserons discuter lui-même ici cette grave question, en lui empruntant les notes historiques qu'il a publiées sur le sujet qui nous occupe dans son *His-*

toire ecclésiastique du Poitou, t. I, p. 403, 404 et 405), et dans le *Bulletin de la Société des Antiquaires de l'Ouest* (2ᵉ trimestre de l'année 1886) :

« Je me fais gloire, écrit-il, de ne pas appartenir à l'école hypercritique qui refuse toute valeur historique aux hagiographes vulgairement appelés légendaires. Il est injuste, selon moi, de leur refuser la créance que l'on accorde aux biographes profanes. On contrôle, on ne nie pas *a priori* les faits allégués par ceux qui ont écrit la vie de César ou de Napoléon. Lorsque les auteurs sont contemporains ou quasi contemporains, ou qu'ils ont manifestement puisé, sans passion ni parti pris, à des sources authentiques, qu'ils soient clercs ou laïques, on doit, ce semble, leur accorder une autorité égale à leur honorabilité, à moins qu'un fait rapporté par eux ne soit clairement contredit par des documents absolument certains.

« Mais ceux qui ont écrit longtemps après les événements, et sur des données incertaines, surtout lorsque leur œuvre porte la trace de procédés peu honnêtes ou d'un défaut de science historique, ceux-là n'ont pas droit à l'adhésion et à la confiance. La critique a, dès lors, le devoir de contrôler sévèrement chacune de leurs assertions, fussent-elles revêtues d'une forme littéraire séduisante qui les ferait passer pour des historiens sérieux.

« Or, tel est le cas du biographe de saint Martin de Vertou. » (*Bulletin.*)

« .. Des notions inexactes sur les limites anciennes du diocèse de Poitiers ont seules déterminé le légendaire à représenter saint Martin de Vertou recevant

2**

d'un évêque de Nantes la mission d'évangéliser le pays d'Herbauges.

« Cette erreur fondamentale l'a entraîné dans une autre. Parmi les évêques de Nantes, saint Félix étant le plus célèbre, l'auteur a été naturellement porté à le mettre en scène, et par cela même saint Martin de Vertou s'est trouvé transporté dans la seconde moitié du VIᵉ siècle.

« Mais les monuments de notre histoire locale rendent cette date inadmissible. Si l'on place, au contraire, la scène au IVᵉ siècle, le tableau devient fidèle. La légende de saint Vivent (IVᵉ siècle) nous parle d'ailleurs des relations que les deux saints eurent ensemble.

« Il est certain que l'auteur de la seconde *Vie de saint Martin* n'a point vécu, comme l'ont cru les Bollandistes, à la fin du Xᵉ siècle, mais à la fin du XIᵉ, ou mieux au commencement du XIIᵉ siècle, puisqu'il parle de Rainaud *(le scolastique d'Angers* probablement), comme d'un écrivain déjà ancien, et celui-ci vivait à la fin du XIᵉ siècle. D'autre part, la légende de saint Vivent est plus ancienne que celle de saint Martin de Vertou et remonte incontestablement au VIIIᵉ siècle, au plus tard. Son style barbare et deux manuscrits du Xᵉ siècle, encore subsistant à Paris et à Autun, en sont un sûr garant. Or, il me semble peu probable que l'auteur de cette légende eût osé faire contemporain de saint Hilaire un saint qui eût vécu presque de son temps, si, comme on le croit généralement, saint Martin de Vertou est mort au commencement du VIIᵉ siècle. »

« Nous ne manquons pas d'autres preuves à

l'appui de notre opinion. Outre la légende de saint Viventius, nous avons pour nous, non seulement les légendes de saint Maximin de Trèves et de saint Lubentius, mais encore le témoignage de l'auteur de la seconde légende de saint Martin de Vertou lui-même. Cet écrivain (Bolland : *Acta Sanctorum*, t. X, oct., p. 810) raconte un voyage que firent ensemble saint Maximin de Trèves et saint Martin de Vertou ; ce dernier vivait donc au IV* siècle, aussi bien que le premier. Le monastère de Vertou, fondé par saint Martin, ajoute le même légendaire, fleurit *per multa temporum curricula* ; après quoi il eut pour père Launégisile. Or Launégisile est un abbé d'Ension, qui a vécu vers la fin du Ve siècle (Mabillon, *Acta. SS. O. S. B.*, t. I, p. 661). Il fut en effet le maître de saint Généroux, qui eut lui-même saint Paterne et saint Scubilion pour disciples. Saint Paterne étant né vers 480, saint Généroux devait être abbé dès la fin du Ve siècle. Saint Launégisile vivait donc au Ve siècle. Lors même qu'il eût été contemporain de saint Martin de Vertou, celui-ci n'aurait pas pu être disciple de saint Félix, évêque de Nantes ; la chronologie s'y oppose. Mabillon a hésité, plus tard, à identifier Launégisile avec le personnage mentionné dans l'autre légendaire ; mais le motif de son hésitation a été uniquement la date assignée vulgairement à saint Martin de Vertou. »

Dom Chamard ajoute encore d'autres preuves ; mais celles qui précèdent nous ont paru suffisantes. Le lecteur studieux pourra les lire dans les ouvrages que nous avons indiqués plus haut.

A toutes ces preuves s'en joint une qui est tirée

de l'histoire même de notre abbaye. Dès les origines, nous voyons régner une union de fraternité entre les deux monastères d'Ension et de Saint-Martin-de-Vertou. Or les historiens du Poitou ne peuvent expliquer cette union. Il y a là pour eux un problème insoluble. Nous trouvons, au contraire, la clé de l'énigme dans l'hypothèse qui place l'existence de saint Martin au ive siècle. D'après la légende de saint Maximin de Trèves, en effet, le saint évêque est en relations d'amitié avec le fondateur de Vertou. Ils font ensemble le voyage d'Italie. Dès lors, n'est-il pas naturel que saint Martin ait connu saint Jouin, du vivant de son saint frère, et qu'il ait reporté sur le fondateur d'Ension, après la mort de Maximin, l'affection qu'il avait pour l'évêque ? De là des relations amicales entre les deux fondateurs ; de là des liens de fraternité entre leurs disciples respectifs. Ainsi s'explique la confraternité entre les deux communautés. Ainsi l'on comprend que Launégisile, abbé d'Ension, ait pu devenir, à un moment donné, le père de Vertou. Ainsi l'on comprend que les moines de Vertou, fuyant les barbares du Nord, se soient réfugiés vers Ension pour y demander asile.

Saint Lumine (*Leominius*).

Une grande obscurité enveloppe l'existence de saint Lumine (*Leominius*). Dans les litanies du bréviaire manuscrit de saint Jouin, son nom est inscrit après celui de saint Jouin et avant celui de saint Maur. Serait-il le même que saint Luvin, honoré le 15 novembre ?

In pago Pictavo, sancti Luvini confessoris, lisait-on dans le martyrologe de Chézal-Benoit (Bibliothèque nationale, n° 2587, fol. 341). Ce saint Lumine parait avoir été apporté à Ension du pays d'Herbauges avec saint Martin de Vertou, car deux paroisses, Saint-Lumine-de-Clisson et Saint-Lumine-de-Coutais, rappellent encore son nom, dans la partie du diocèse de Nantes qui appartenait primitivement à Poitiers (1).

M. Boutin (2) identifie saint Lumine avec saint Lubin, évêque de Chartres ; mais il n'apporte aucune preuve à l'appui de son assertion. Nous pourrions objecter, à l'encontre de ce sentiment, que le corps de saint Lumine fut reçu à Saint-Jouin avant le XIIe siècle, tandis que l'on sait par l'histoire locale que le corps de saint Lubin fut conservé à Chartres en entier jusqu'en 1568.

14 juin. — Saint Rufin.

Un silence mystérieux plane sur la vie de ce saint, et son nom serait resté dans un éternel oubli, si Dieu n'avait gratifié sa dépouille du don des miracles.

Les uns en font un martyr, les autres un confesseur. Il était honoré sous la première qualification dans certaines églises du Bas-Poitou (3), aux diocèses de Maillezais et de Luçon. A Saint-Jouin-les-Marnes, on l'invoquait dans les litanies du Bréviaire

(1) D. Chamard, *Origines de l'Église de Poitiers*, p. 315.
(2) Boutin, *Légendes des Saints de l'Église de Luçon*, p. 374.
(3) Bibliothèque nationale, fonds latin, n° 1033, fol. 106.

avec le titre de confesseur (1). Son nom y est placé entre ceux de saint Jérôme et de saint Généroux, rapprochement très glorieux pour notre saint.

Il y avait au xi⁰ siècle une église de Saint-Rufin près de la paroisse du Pin, près Cerizay, et au xii⁰ siècle, en 1130, son corps fut retrouvé, avec ceux de quelques autres saints, dans l'abbaye de Saint-Jouin, où il avait dû être transporté pendant les troubles du ix⁰ siècle.

Une charte du moyen âge, donnée par Pierre Gahard, accorde à l'abbaye de Saint-Florent-les-Saumur le monastère de Notre-Dame-du-Pin, situé sur la frontière des diocèses de Maillezais et de Luçon, avec les églises de Saint-Rufin, de Saint-Jean de Combrand et de Notre-Dame du Breuil-Chaussée (2). Cette donation fut confirmée par l'évêque de Poitiers Isembert II, en 1091, et par Aimeri d'Argenton, qui donna son assentiment féodal. Or cette église Saint-Rufin faisait partie intégrante du monastère de Notre-Dame-du-Pin. Peut-être notre saint en fut-il le fondateur ou l'un des premiers moines. On peut croire du moins qu'il avait reçu d'Hilaire ou de Martin la mission d'évangéliser cette partie de *pagus* d'*Ardunum* (Ardin) (3). Bien que les actes de son martyre soient perdus, on ne peut douter qu'il n'ait été l'apôtre de notre province. Sa fête était inscrite, au moyen âge, dans les bréviaires de

(1) Bibliothèque Mazar. Brev. manuscrit de Saint-Jouin-de-Marnes, xiii⁰ siècle ; n° 785.
(2) D. Huynes, *Histoire de saint Florent*, fol. 123.
(3) D. Chamard, *Origines de l'Eglise de Poitiers*, p. 315.

Maillezais et de Luçon, le 14 juin, jour de sa mort.

En 1879, on découvrit à Moutiers, village des Deux-Sèvres, un petit coffre de pierre portant une inscription d'où résultait que, vers le xi⁰ siècle, on y avait renfermé les restes de saint Rufin (1).

21 juin. — **Saint Méen, Mandé, Mandés** (*Mevennus, Melanius*).

Ce saint est célèbre par ses miracles, par le monastère de Gaël qu'il fonda au vi⁰ siècle et par les pèlerinages qui se font à son tombeau. Il a encore, dans le diocèse de Poitiers, un culte qui ne s'est pas entièrement effacé. Il est honoré en Bretagne, dans l'île de France, en Berry, en Aunis et en Poitou.

La légende l'appelle Conard-Méen, Mandés ou Mandé (2).

Fils d'un roi d'Hybernie (Irlande), il était parent par sa mère des saints Sanson et Magloire. Il avait été consacré à Dieu avant sa naissance par ses pieux parents, comme étant leur dixième enfant. Il devint donc prêtre ; mais il ne quitta pas alors son pays qu'il se mit à évangéliser. Plus tard l'amour de la solitude le poussa vers l'Armorique, où de profondes retraites pouvaient favoriser son attrait.

Saint Tugdual venait de fonder son monastère de Tréguier (*Trecorium*), dans une presqu'île qui

<hr>

(1) Auber, *Histoire générale... du Poitou*, t. I, p. 264.
(2) On prononçait jadis Saint *Mande*, Saint *Mainde*, sans accent.

s'avançait dans la mer, et qui probablement alors n'était pas réunie au continent (1). Méen vint y demander un asile ; mais bientôt, importuné par les nombreux visiteurs qu'attiraient ses miracles, il passa un bras de mer, pour se réfugier dans une des nombreuses petites îles semées sur les côtes septentrionales de la Bretagne. A la fin du vi^e siècle, il établit le monastère de Gaël, à 9 lieues de Rennes. Guéroch I, comte de Vannes, s'en déclara le protecteur. Saint Sanson, évêque de Saint-Malo, l'établit abbé de cette maison, où il donna l'habit religieux à Judicaël, roi de Domnonée. Méen avait mis son monastère sous la protection de saint Jean-Baptiste, le modèle de la vie silencieuse et retirée des moines. Il fonda aussi un monastère près d'Angers. Saint Méen mourut à Saint-Jean-Baptiste-de-Gaël, vers l'an 617.

Après sa mort, vis-à-vis de l'île, et sur la terre ferme, au bord de la Manche, on bâtit une chapelle où son corps fut déposé. Il s'y forma un village appelé aujourd'hui Saint-Mandé, qui marque la pointe la plus septentrionale des Côtes-du-Nord, et constitue une paroisse de 500 âmes, dans le canton de Plélan.

Durant les invasions normandes, les reliques du saint furent transportées dans l'abbaye de Saint-Jouin-les-Marnes, vers 919. Elles périrent en 1562, dans l'incendie allumé par la main sacrilège des huguenots. Une portion de ses reliques avait été conservée dans l'abbaye de Saint-Méen, en Bretagne.

____

(1) Tréguier devint ville épiscopale en 811, sous Noménoé, duc des Bretons.

Cette abbaye, transformée en séminaire, passa en 1642 aux mains des Lazaristes (1). .

Ce fut sans doute à la suite du transport des reliques de saint Mandé, ou saint Méen, à Ension, que son nom devint célèbre en Poitou, et que son culte y fut populaire.

En Poitou, saint Mandé avait une chapellenie dans l'église paroissiale de Tessonnière (*Texoneria*), dont il est le second patron, la fête principale étant Notre-Dame de l'Assomption.

Il y a aussi un village de ce nom dans la paroisse d'Avanton, canton de Neuville (Vienne). Là était une chapelle Saint-Mandé, qui dépendait en 1782 de l'évêque de Poitiers. Elle était mentionnée en 1484 parmi les revenus de Montierneuf, pour l'entretien du luminaire. L'église actuelle d'Avanton possède un autel de Saint-Mandé.

Une autre chapelle du même vocable avec son village existe encore dans l'ancienne paroisse de Chasseignes, réunie à celle de Mouterre-Silly ; mais elle est à demi ruinée. Jadis un pèlerinage y attirait une grande foule, le 18 novembre de chaque année ; mais rien n'en garde plus le souvenir.

On invoquait saint Mandé contre la morsure des serpents et contre la phtisie. Les vieux hagiographes français disent qu'on l'invoquait pour « les enfants qui sont en chartre » ; or Borel assure « qu'être en chartre c'est être phtisique » (2).

Il n'y a plus qu'à Saint-Jouin-les-Marnes, et à

(1) Lobineau, *Vie des Saints de Bretagne*, p. 140.
(2) *Trésor des recherches et antiquités*, p. 89.

Tessonnière où il est honoré avec le titre de patron, que l'on conserve la mémoire de saint Mandé ; le reste du diocèse l'a laissé périr.

16 décembre. — **Saint-Judicaël,** *confesseur.*

Judicaël, fils de Judhaël et de Pritelle, succéda à son père dans la principauté de Domnonée, avec le titre de roi. Mais il se démit en faveur d'un de ses frères, pour se faire religieux à Gaël, monastère alors gouverné par saint-Méen ou Mandé. Peu de temps après, on l'obligea à reprendre les rênes du gouvernement. Entre autres fondations pieuses qu'il accomplit, on distingue l'abbaye de Paimpont, dans l'ancien diocèse de Saint-Malo, aujourd'hui diocèse de Rennes. Pour prévenir une guerre désastreuse, il se laissa persuader par saint Eloi de rendre hommage au roi Dagobert, qui le reçut à cette occasion avec les honneurs dus à un roi. La rencontre se fit à Clichy-la-Garenne, près Paris. Judicaël promit que la Bretagne et son roi relèveraient désormais, à titre d'aveu, du roi de France, et fit de riches présents à Dagobert.

Le prince abdiqua, six ans après, la couronne, et se retira dans le monastère de Gaël (1), où il avait passé quelques années de sa jeunesse. Il y mourut dans la pratique des plus hautes vertus, en la nuit du 16 au 17 décembre, vers le milieu du VIIe siècle.

(1) Gaël, fondé sous le vocable de Saint-Jean-Baptiste, vers 565. C'est aujourd'hui un village de 500 âmes, du canton de Saint-Méen (Ille-et-Vilaine).

En 919, son corps fut transporté avec celui de saint Mandé dans notre célèbre abbaye d'Ension, pour le soustraire aux profanations des hommes du Nord. Une partie fut gardée à Thouars, dans l'église Saint-Martin, d'où elle passa, vers 991, en l'abbaye de Saint-Florent-les-Saumur.

On invoquait saint Judicaël dans les litanies anglaises du viie siècle. Il est honoré le 16 décembre, dans le martyrologe des Bénédictins. L'ancien calendrier de l'abbaye de Saint-Méen n'en fait mention que le 17 du même mois (1).

Il en fut des reliques de saint Judicaël comme de toutes celles que renfermait le trésor de l'abbaye de Saint-Jouin-les-Marnes au xvie siècle : elles furent détruites par les protestants, en 1562 (2).

(1) Lobineau, *Vie des Saints de Bretagne*, p. 113.
(2) Auber, *Histoire générale du Poitou*, t. II, p. 331.

TABLE DES MATIÈRES

Documents manquants (pages, cahiers...)

NF Z 43-120-13

www.ingramcontent.com/pod-product-compliance
Lightning Source LLC
Chambersburg PA
CBHW061254060726
47596CB00002B/590